"十三五"国家重点出版物出版规划项目
国家出版基金资助项目
新时代生态文明建设法律制度体系研究
总主编 陈晓景 李国敏

中国流域生态系统管理法律制度研究

陈晓景 著

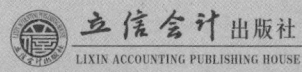

图书在版编目(CIP)数据

中国流域生态系统管理法律制度研究/陈晓景著．
—上海：立信会计出版社，2021.12
（新时代生态文明建设法律制度体系研究）
ISBN 978-7-5429-6991-0

Ⅰ.①中… Ⅱ.①陈… Ⅲ.①流域—生态环境—环境保护法—研究—中国 Ⅳ.①D922.680.4

中国版本图书馆 CIP 数据核字(2022)第 031095 号

策划编辑　　窦瀚修
责任编辑　　窦瀚修

中国流域生态系统管理法律制度研究
Zhongguo Liuyu Shengtai Xitong Guanli Falü Zhidu Yanjiu

出版发行	立信会计出版社		
地　　址	上海市中山西路 2230 号	邮政编码	200235
电　　话	(021)64411389	传　　真	(021)64411325
网　　址	www.lixinaph.com	电子邮箱	lixinaph2019@126.com
网上书店	http://lixin.jd.com		http://lxkjcbs.tmall.com
经　　销	各地新华书店		
印　　刷	常熟市人民印刷有限公司		
开　　本	710 毫米×1000 毫米	1/16	
印　　张	13	插　　页	4
字　　数	206 千字		
版　　次	2021 年 12 月第 1 版		
印　　次	2021 年 12 月第 1 次		
书　　号	ISBN 978-7-5429-6991-0/D		
定　　价	58.00 元		

如有印订差错，请与本社联系调换

总　序

目前，我国已进入中国特色社会主义新时代，人们对美好生活的向往越来越强烈，对美丽环境的期待也越来越迫切。如果说经济富足、身体健康、享受良好的教育、游览名山大川都是人们对美好生活的具体需求，那么在解决社会分配领域可能存在的问题之后，社会经济发展水平应该与这些需求的满足程度成正相关关系。也就是说，社会经济发展水平越高，人们的收入水平也会提高，可享受的教育资源和教育条件会更好，游览名山大川的机会也会更多，也会更注重休养生息和身体健康。但实际上，社会经济发展水平与人们追求的美好生活及美丽环境之间不存在必然的正相关关系。从经济学家所说的负外部性、政治学家所说的绝不走先污染后治理的老路以及法学家所说的普遍环境责任等可知，人们在追求美好生活和美丽环境的过程中，曾经并且还在继续受一些经济活动所释放的负外部性的影响。新发展理念的贯彻在很大程度上消解了经济活动的负外部性后果，而美好生活和美丽环境的实现仍需人们付出更大的努力。

由陈晓景和李国敏担任总主编的本套丛书，凝聚了环境保护法治理论与实务工作者的智慧和汗水。本套丛书的策划和出版既是学术盛事，也是为实现人们对美好生活的向往做了一件实事。

古人云："君子务本，本立而道生。"本套丛书立足我国生态文明法治建设的实际需求，致力于生态文明建设法律制度核心问题的研究，实现了生态文明建设法律制度体系理论研究的创新发展。迄今为止，国内尚未

中国流域生态系统管理法律制度研究

见到以"新时代生态文明建设法律制度体系研究"为主题的系列学术著作。本丛书填补了我国该领域学术著作出版上的空白,它将给环境保护理论界,尤其是环境法学界带来巨大的知识冲击和学术冲击;或将掀起新时代生态文明建设法律制度研究的热潮,带动更多的学者为实现人们对美好生活的向往以及对美丽环境的期待而贡献智慧和力量。

  本套丛书各分册的内容主要围绕环境法学研究的两个重点领域展开:一是沿着已经建立的环境保护制度,研究如何进一步提高制度建设的水平,如《新时代环境法律制度检视与重构》;二是对生态文明建设和环境法制建设做应然选择的尝试,研究在新时代生态文明建设法治任务面前,如何构建相关环境法律制度,如《中国流域生态系统管理法律制度研究》《企业环保信用评价法律制度研究》《新时代环境财政制度研究》《绿色金融法律制度研究》。这两个重点研究领域都是我国环境法学理论界和环境保护实务界高度关注的领域。因此,本套丛书的出版有望对环境法学理论研究和环境保护实务研究起到双重推动作用。

徐祥民

前　言

　　自古以来,流域就是不同文明、不同国家社会经济发展的载体,流域的兴衰直接影响着一国的发展状况。随着社会经济的发展,现代流域管理越来越尊重流域自然、社会、经济复合生态系统特点,强调流域生态系统的综合管理。中国政府长期以来高度重视流域生态保护和可持续发展。党的十八大以来,中国以流域为单元来构建发展重点,先后制定了长江经济带发展、黄河流域生态保护和高质量发展重大国家战略,初步确立了我国江河流域发展的宏伟框架。2021年3月,我国第一部流域法——《中华人民共和国长江保护法》(以下简称《长江保护法》)正式实施;同年4月,水利部发布了《黄河保护立法草案(征求意见稿)》。《长江保护法》针对长江的特点和存在的突出问题,把长江流域作为一个完整的功能空间进行统一规划和管控,为保障长江经济带发展国家战略的实施提供了有力的法制保障,为中国流域整体管理法律制度构建提供了示范和引领。但是,不同流域有不同的自然特性和功能特征,黄河流域管理法律制度的构建,可以借鉴《长江保护法》的有关内容,同时根据黄河流域生态系统的自身特点进行专门规范。同时,我国江河众多,不可能每一条河流都由国家专门立法,因此,我们需要根据流域生态系统的共同特性,形成统一的流域管理法律制度,以保护流域生态环境,促进流域高质量发展目标的实现。

本书从生态系统管理理论入手,尝试全面、系统地构建中国流域生态系统管理法律制度体系。本书共分为五章,第一章讨论了流域生态系统管理的基本概念,重点分析了流域的概念特征以及流域生态系统的结构和功能,并从权利、义务、利益视角对流域生态系统管理法律内涵进行界定;第二章从国际视角分析流域生态系统管理法律制度,选取了联合国有关环境理念、国际水法规、典型国际流域以及地区水法规和相关国际规则;第三章以不同人均水资源量、地理背景、法律制度状况为考量因素,对加拿大、巴西、美国、墨西哥、罗马尼亚、印度六个国家进行比较研究,从而总结出国外流域生态系统管理法律制度的特征及对我国的启示;第四章尝试构建中国流域生态系统管理法律制度理论体系,通过分析中国现行流域生态系统管理相关法律制度的历史沿革、主要内容及制度缺陷,提出中国流域生态系统管理制度构建应当以流域生态学、系统论、外部性理论、流域公益理论等为理论依据,遵循流域空间系统治理理念,以保障流域整体利益为终极立法价值,实行"综合+专门调整"的立法模式;第五章在理论构建的基础上,设计了中国流域生态系统管理法律制度结构,分析了流域生态系统管理法律制度结构形成的自然基础、社会基础和整合方式,提出了流域生态系统管理法律制度结构设计的遵循原则,并构建了流域生态系统管理的外部制度结构和内部制度结构。

  本书作为国家社科基金重大项目"黄河流域生态保护和高质量发展法律制度体系研究"(项目批准号:20&ZD185)的阶段性研究成果,在撰写过程中得到黄河水利委员会、生态环境部黄河流域监督管理局的大力支持和帮助,同时参考了大量已出版和发表的中外研究成果。立信会计出版社从社领导到编辑,对本书的出版都倾注了大量的心血和汗水,在此一并致以诚挚的谢意!

  本人多年来持续关注流域生态系统管理法律问题,殚思极虑,苦心钻研,力求拙著完美呈现,但由于水平有限,书中内容难免存在疏漏,敬请各位专家及广大读者批评指正!

陈晓景

2021 年 9 月于郑州

目　　录

总序
前言

第一章　流域生态系统管理的基本概念 …………………………… 1
　　第一节　流域及其生态系统结构与发展 ……………………… 1
　　第二节　流域生态系统管理的内涵解析 ……………………… 8

第二章　国际流域生态系统管理法律制度 ………………………… 14
　　第一节　流域生态系统管理的法律地位 ……………………… 14
　　第二节　流域生态系统管理的原则和方法 …………………… 21

第三章　主要国家流域生态系统管理法律制度的比较 …………… 26
　　第一节　加拿大和巴西流域生态系统管理法律制度 ………… 26
　　第二节　美国和墨西哥流域生态系统管理法律制度 ………… 38
　　第三节　罗马尼亚和印度流域生态系统管理法律制度 ……… 52
　　第四节　国外流域生态系统管理法律制度特征及启示 ……… 66

第四章　中国流域生态系统管理法律制度构建的理论选择 ……… 72
　　第一节　中国现行流域生态系统管理法律制度解析 ………… 72
　　第二节　中国流域生态系统管理法律制度构建的理论依据 … 89
　　第三节　中国流域生态系统管理法律制度构建的理论创新 … 100

第五章　中国流域生态系统管理法律制度构建 ……………… 115
　第一节　中国流域生态系统管理法律制度结构 ……………… 115
　第二节　流域高质量发展制度 …………………………………… 127
　第三节　流域生态风险预防制度 ………………………………… 130
　第四节　流域生态补救制度 ……………………………………… 148
　第五节　流域生态阈值监管制度 ………………………………… 158
　第六节　流域生态系统管理的市场激励制度 …………………… 165
　第七节　流域生态系统管理的多中心治理机制 ………………… 174

主要参考文献 ………………………………………………………… 190

后记 …………………………………………………………………… 198

第一章 流域生态系统管理的基本概念

流域的"自然—社会—经济"复合生态系统特性及流域管理的发展历史决定了流域生态系统管理是流域可持续发展的必然选择。

第一节 流域及其生态系统结构与发展

一、流域的概念与特性

谈及流域,人们很容易想到"水""河流",但流域是一个集水区域。根据《辞海》(第七版)收录的词条解释,流域是"由地面分水线包围、具有流出口的汇集降水的区域"。该区域的水平投影面积称为"流域面积"。流域面积亦称为"受水面积",指流域分水线所包围的面积,以平方千米计,决定河流的水量,影响径流过程。每条河流都有自己的流域。除了水,流域还应包括水流经的土地,土地上的植被、森林和土地中的矿藏,水中以及水所流经的土地上的生物等。流域中的水体、地貌、土壤和植被等因素都是一个紧密相关的整体。流域植物群落的构成受气候、土壤结构及其化学特征的影响,而植物又影响了水体的径流率、蒸发和土壤状况。任何水体都依赖于源区的水流,受制于源水的流向,故流域内的水体不仅在物质和能量的迁移上具有方向性,而且上中下游、干支流、左右岸之间还相互制约、相互影响。同时,流域是一个从源头到河口的完整、独立、自成系统的水文单元,其所在的自然区域是人类经济、文化等一切活动的重要社会场所。人类为了生存,必须开发利用流域中的各种自然资源,包括水、土地、矿藏、植被、动物等;流域内的经济政策、经济发展状况都在很大程度上影响流域生态环境。科学的经济发展模式、高质量的经济发展水平会对流域生态环境的良性发展创造较好的条件,并为其提供坚实的经济基础,反之则会对流域生态环境造成破坏。同样,流域社会状况,包括风俗习惯、文化背景以及人口状况等,也对流域环境的管理有着至关重要的意义。① 因此,流域在其边界范围内由于水的自然流动性形成了一个十分重要的"自然—经济—社会"复合生态系统,②这一系统之内的各种自然要素之间、自然要素与经济要素和社会要素之间、流域上中下游及干支流之间都在不断地进行着物质能量、信息的交换及资金、人员的交流。一个因素发生变化,整个流域的其他因素都会受其影响。例如,水资源的开发、利用和保护,洪涝灾害和水土流失的防治,水污染的治理与流域内社会、经济发展及生态环境的改善有着不可分割的内在联系。流域内各种资源的开发利用可为流域经济发展、社会进步提供物质基础,防治洪涝灾害、水土流失、水污染可为经济、社会发展提供环境保障,而社会、经济的进一步发展又可为流域资源环境的开发利用和保护提供资金和条件。因此,流域是以水为纽带,由水、土、气等自然要素与社会、经济等人文要素组成的复合生态系统,它不仅是国民经济和区域社会经济发展的空间载体,也是生态系统进行物质和能量循环、维持生态系统平衡的基本单元。③

根据流域的概念,我们可以把流域的特性归纳为以下几个方面。

(1)整体性。流域是一个天然的集水区域,是一个从源头到河口自成体系的水文单元;是一个以水流为基础、以河流为主线、以分水岭为边界的特殊区域。流域中最主要的因子是水,正是水的流动形成了流域内地理上的关联性及流域环境资源的联动性,决定了流域是一个统一完整的生态系统。流域的上中下游、左右岸和干支流、河水和河道、水质与水量、地表水与地下水等,都是该流域不可分割的组成部分,具有自然整体性。同时,以水体为媒介,流域中的土壤、森林、矿藏、生物等也组成了一个紧密相关的整体,该整体中的任一要素发生变化都会对整个流域产生重大

---

① 王秉杰. 流域管理的形成、特征及发展趋势[J]. 环境科学研究,2013(04):452-456.
② 马世骏,王如松. 社会—经济—自然复合生态系统[J]. 生态学报,1984(01):1-9.
③ 杨振. 流域生态文明建设的理论基础与实施方案研究:洱海流域的实践创新[M]. 北京:科学出版社,2020:6.

的影响。另外,流域又是人们经济、社会生活的重要场所,流域内人们的社会、经济活动会对流域生态系统产生极大的影响。流域的整体性特点要求流域管理应该根据流域上中下游地区的社会经济情况、自然资源和环境条件,以及流域的物理和生态方面的作用和变化,从流域生态系统整体出发来考虑其开发、利用和保护方面的问题,这无疑是最科学、最适合流域可持续发展客观需要的一种选择。①

（2）公共性。流域环境资源是一种公共资源,它具有公共资源的一般属性,如有限性、外部性和使用的分散性、相互依存性以及不可分割性。流域环境资源作为共同财富和公共产品,对其使用必须是集体行动,个体对公共资源的自由选择与利用和社会对公共资源的分散管理,必将产生破坏性竞争。根据决策理论,在公共管理中,管理主体越多越分散,管理责任就会愈趋于松弛,对资源的保护就愈为无力,资源的状况则愈坏;反之,权力越统一,责任就越大,即权力越集中并趋向单一中心,责任则越明确,权力主体之间的破坏性竞争和摩擦就越小。因此,流域的公共性要求流域管理应该设定一个统一的流域机构实行整体管理和调控。

（3）复杂性。流域（尤其是大流域）在经度和纬度上的跨度大,上中下游表现出明显的区段性和差异性,使上中下游、左右岸和干支流在自然条件、地理位置、经济技术基础和历史背景等方面有所不同。因此,流域生态系统覆盖了不同的自然地理单元,具有多样性的自然景观、森林植被和气候特征。即使流域中最主要的因子——水,其本身也是一个很复杂的问题。② 要维持河流的正常功能,必须使其保证一定的径流量,这是对水量的要求。人们如果从河流中取水用来饮用、灌溉等,则河流中的水质必须满足人们的生活及其他需要,这必然要求水体的污染程度不能超过一定标准。我国水资源时空分布极不均匀,每年汛期来临时,各大流域的中下游往往会出现水灾,严重危及人民的生命财产安全,这必然要求相关部门做出应对措施,以尽可能地减少灾害,减轻灾害所造成的损失,这便有了对防洪的要求。我们既要防止各流域泥沙淤积,又要防止水土流失。

---

① 李启家,姚似锦.流域管理体制的构建与运行[J].环境保护,2002(10):8-11.
② 金帅,盛昭瀚,刘小峰.流域系统复杂性与适应性管理[J].中国人口·资源与环境,2010(07):60-67.

同时,人类开发利用流域资源环境的方式多种多样,从农业生产活动到城市生态系统,从矿产资源开发到工矿业加工,其所产生的生态环境影响也是复杂多样的。

(4)生态的不可逆性。流域生态系统内任何人类生产活动所产生的生态效应都是不可逆的,生态系统一旦遭到破坏,不会自行恢复到原来的生态面貌。

二、流域生态系统的结构和功能

从结构上看,流域生态系统由三个子系统组成:自然生态系统、经济生态系统和社会生态系统。自然生态系统包括流域内的各种资源和环境要素,为流域内人们的生产、生活提供空间、资源、能量和环境容量,是流域生态系统运行的基础;经济生态系统为流域内人们的生存提供产出,是流域生态系统的主体;社会生态系统以人口为中心,以满足流域内居民的生活需求为目标,为经济生态系统提供劳力和智力。流域复合系统中各要素通过社会、经济和自然再生产相互制约、交织组成流域的结构。① 每个子系统内部又有着复杂的结构关系,下面仅对流域自然生态系统的结构进行详解。

在流域自然生态系统中,流域的物理和生物成分构成了具有一定组织和功能的系统,包括河湖系统、河湖岸带系统、坡高地系统等。② 河湖系统在流域中呈狭长网络状,包括干流及各级支流、湖泊和水库等。河湖系统具有四维结构特征,即纵向(上游—下游)、横向(河床—洪泛平原)、垂直方向(河川径流—地下水)和时间变化(如河岸形态变化及生物群落演替)。河湖岸带泛指一切邻近河流、湖泊、池塘、湿地以及其他特殊水体并且有显著资源价值的地带,一般有河岸边交错带、河漫滩交错带、河口三角洲交错带等类型。河湖岸带系统具有明显的边缘效应,是最复杂的生态系统之一,对水陆生态系统间的物流、能流、信息流和生物流发挥着廊

---

① 邓红兵,王庆礼,蔡庆华.流域生态系统管理研究[J].中国人口·资源与环境,2002(06):3.
② 彭文启,刘晓波,王雨春,等.流域水环境与生态学研究回顾与展望[J].水利学报,2018(09):1055-1067.

道、过滤器和屏障作用;对生物多样性维持、水土污染治理和保护、河岸稳定、气候微调节和环境美化均有重要的现实和潜在价值。坡高地系统是流域中扣除河湖及其岸带的部分,包括林地、草地、荒漠、农田等多种生态系统类型,是支持人类活动的主要生态系统。人类在坡高地系统的活动直接影响整个流域生态系统。例如,人类平整土地,就会破坏流域坡面结构,从而改变流域自然汇流过程;伐林耕种,则会改变下垫面性质,影响流域的水循环过程;筑坝蓄水灌溉,会干涉流域的自然产流过程;城镇对水的取排,则会改变流域中水体的自然流程,也会改变水体的化学性质。①

由上述自然、社会、经济三个子系统构成的流域生态系统具有物质循环、能量流动、信息传递和价值增值四大功能。流域生态系统的平衡和稳定依赖于与外界的能量、物质和信息的交换。流域生态系统的平衡"是在保持自然生态平衡条件下的社会经济平衡;是在自然选择和人工选择的过程中,流域可持续发展的生态、经济和社会目标相统一的平衡状态"。②物质循环分两类:一类是自然子系统的物质循环,它是通过"生产者→消费者→分解者→环境→生产者→……"这一过程进行的;另一类是经济子系统的物质循环,它是通过"生产→分配→交换→消费→……"这一过程在社会各部门间循环流动的。这两类循环通过人们的社会活动相互作用、相互转换、有机地结合在一起,其途径表现为生产和再生产过程。能量流动也分自然能流和经济能流两类:自然能流是基础,经济能流是由自然能流转化而来的。伴随着物质循环,能量的传递和转移是逐级减少的,但能量流动遵从热力学定律,能量不会消失,也不会凭空产生,只是由一种形式转化成另一种形式。因此,往往有一些被丢弃的能量进入环境并导致环境问题。价值增值是在经济子系统中实现的,人类通过劳动,把自然物(能)流转变为经济物(能)流,在此过程中,价值实现了转移和增值。信息传递是以物质和能量为载体,在物质循环和能量流动中实现信息的获取、存储、加工和转化的过程。信息传递是管理流域生态系统的关键,

---

① 杨海乐,陈家宽. 流域生态学的发展困境——来自河流景观的启示[J]. 生态学报,2016,36(10):3084-3095.
② 邓红兵,王庆礼,蔡庆华. 流域生态学——新学科、新思想、新途径[J]. 应用生态学报,1998(04):7.

如果没有信息流,或者信息量过少或流动中断,流域生态系统就会失去控制,导致流域自然、社会与经济发展失衡而出现混乱;过去人们对流域环境资源的掠夺式开发和利用就是忽视环境信息而导致的结果。流域生态系统中任一功能的失调都会破坏流域生态的演化顺序,造成流域生态系统的整体退化。

三、流域管理的发展趋势和方向:流域生态系统管理

流域管理是随着人们对流域水资源的开发利用逐渐发展起来的。早期的流域管理就是对流域水资源的管理,而且主要是对流域水资源的开发和利用,包括防治洪涝灾害、发展航运和灌溉水利工程的管理。随着科学技术的发展,人们逐渐发现,过度开垦、乱砍滥伐等人类活动所引起的土壤侵蚀是土地退化的主要原因,而土壤变化趋势又与流域水文过程密切相关,成为水质退化的主要原因。因此,自 20 世纪 30 年代起,我国逐步开始了以水土保持为主要目标的流域管理。20 世纪中叶以后,随着水污染问题日益加剧,流域管理的内容开始向综合方向发展,由单纯的水利开发发展到水环境的保护等多方面。

有学者把流域管理思想的形成分为以下三个阶段。①

第一阶段:从单一开发向多目标开发的思想转变。早期的流域管理内容主要是防治洪涝灾害、发展航运和灌溉水利工程的管理。19 世纪末至 20 世纪初,欧美国家流域管理开始着眼于水资源的多功能特征,强调水资源的综合开发和利用,注重河流的梯级开发、水工程的统一布局和水工程自身的综合功能,以最大限度地开发利用水资源。为了实现综合开发目标,各国开始建立流域一体化管理机构。

第二阶段:从流域开发向流域环境保护的思想转变。20 世纪中叶以后,原子能开发利用所致的放射性污染和农药的大量使用所带来的有机氯化物污染加剧,对生活产生了广泛的影响。美国海洋生物学家蕾切尔·卡森据此写出了震撼全球的名作《寂静的春天》,它以农药对生

---

① 陈晓景,董黎光. 中国流域管理法律问题基础研究[M]. 郑州:河南人民出版社,2006:29.

态环境的破坏为切入点,描述了环境污染对人类生存的威胁。这是历史上第一部以环境污染为主题的著作,引起了公众的广泛注意。随着环境污染问题的日益加剧,流域管理的内容由综合开发向流域开发与环境保护并重转变。20世纪60年代以后,流域管理包括了水质控制和环境保护的内容,以及后来颁布的流域环境保护的法律文件。

第三阶段:可持续发展概念的提出与流域综合管理思想的形成。1987年,以挪威前首相布伦特兰夫人为首的世界环境和发展委员会提交了《我们共同的未来》的报告,提出了"可持续发展"的概念,并指出环境保护的根本目的在于确保人类的持续存在和发展。可持续发展概念的提出使人们认识到,传统以"水"为基点的流域管理模式面临着严峻的困境和挑战。

1992年召开的联合国环境与发展会议强调,用系统和综合的观点来解决区域环境和发展问题,提出环境保护应该以流域为单元来实施,而不是以州、国家等为基础。[①] 该观点使人们开始关注流域综合性管理。可持续发展的深化赋予了流域管理新的内涵,人们开始认识到流域内人类活动与自然资源、环境之间相互联系、相互作用、相互制约的整体关系。流域不仅是一个自然生态综合体,也是一个社会经济综合体。流域内的资源、环境、社会、经济是一个庞大而复杂的复合生态系统。"流域管理不仅要研究水资源本身的形成、分布、运动规律,而且要研究水资源的开发、利用、保护及其与社会经济发展、生态环境之间的关系。"[②] 因此,流域自然、社会、经济一体化管理的观念和模式开始受到世人的关注。近年来,以流域资源可持续利用、生态环境持续改善和社会经济可持续发展为目标的流域生态系统管理理念,已在一些发达国家,如澳大利亚、英国、荷兰、美国等被广泛接受。欧盟和美国等已针对具体流域制定了流域的可持续发展战略规划。1997年,"以流域为基础的生态系统管理的全球挑战国际研讨会"在加拿大召开。会议指出,从生态系统角度和流域的角度开展水土资源及其持续性管理研究与应用,将是今后这一学科的主攻方向之一。

---

① 杨桂山,于秀波,李恒鹏,等.流域综合管理导论[M].北京:科学出版社,2004:8.
② 陈绍金.流域管理方略研究[M].长沙:湖南人民出版社,2003:6-7.

因此,以全流域为尺度进行流域生态系统管理成为现今流域管理的趋势和方向。

流域生态系统特性及流域管理的历史发展要求现今流域管理必须是流域生态系统的整体管理,即从流域生态系统整体出发,综合考虑生态系统中的各要素,唯此才能保障流域生态系统的平衡和稳定,流域自然、社会、经济的和谐发展才能得到实现。那么,什么是流域生态系统管理呢?流域生态系统管理是否意味着由一个流域管理机构对流域所有要素进行统一管理呢?对此,我们应该首先厘清流域生态系统管理的内涵。

第二节 流域生态系统管理的内涵解析

流域生态系统管理的法律内涵界定必须尊重流域生态系统的自然科学规律,以流域生态系统整体利益为导向进行权利义务关系分配及责任划分。

一、其他学科对流域生态系统管理的内涵界定

关于流域生态系统管理的内涵,目前界定不一。大多数学者认为,流域生态系统管理在一定意义上是生态系统管理在流域尺度上的一种体现。流域管理与生态系统管理中的许多重要因素都是相同的,这些相同因素包括:关注于全社会确定的目标;运用综合的科学知识;着眼于比资源管理标准更久远更广阔的时间和空间尺度;依赖合作的决策;要求一个更加灵活、更便于接受的机制,在这个机制里,出台的决策可以经常被评价和修正。因此,要界定流域生态系统管理的概念,我们先要了解生态系统管理的含义。"生态系统这个概念是一元论的,它将植物、动物、人类社会以及环境整合在一起,以这样的方式可以将它们之间的相互作用在一个单一的框架内加以分析。它主要强调一个完整或系统的功能,而不是将各组分割开来。"①

---

① E. 马尔特比,等.生态系统管理:科学与社会问题[M].康乐,等,译.北京:科学出版社,2003.

目前,越来越多的学者认识到以流域为单元的生态系统管理的重要性,纷纷提出确立以流域为单元的生态系统管理路径。美国学者K.A.沃科特等(2002)认为,"依管理对象而定,流域或者景观水平可能更适合作为(生态系统)管理单元,尤其是对于那些以能移动或迁徙的资源为对象的管理活动"。① "水是生命支撑系统最重要的因素,又是21世纪地球最紧缺的资源。我国生态系统目前表现出来的功能问题,大多与水生态有联系。从保护角度看,我国区域性生态和环境问题,不仅表现出显著的流域特征,也通过流域这个物质流和能量流传输通道而成为全局性的问题"。② 淡水提供了一个将水安全、粮食安全和生态安全联系起来综合考量的机会。要获取这三种安全尺度的一个途径是发展流域的可称之为"社会—生态水文"管理的能力。③ "社会领导人的政治动机是在满足环境条件的同时满足社会需求。水通过它的许多功能与众多事务相关联,对社会来讲,水对于健康、食物和能源生产是必需的,对于陆地和水生生态系统提供产品和生态服务,水也发挥着重要作用。水是洪水、干旱、疾病等带来的环境胁迫的起因,水又通过其搬运功能在侵蚀、沉积和溶质迁移等过程中发挥作用"。④

有的学者还提出,在架构我国生态功能区划时,应该在大的尺度上将流域作为生态系统单元的划分依据。流域是独立的自然单元,有被广泛接受的和通常来说定义清晰的边界,它具有清晰的等级结构,这种等级结构赋予它们灵活的尺度,对生态系统管理和研究十分方便。流域除了具有生态系统等级结构特征,从生态意义上,还构成陆地和海洋的重要联系;流域内的湿地、河流、湖泊为大多数鱼类提供栖息地;流域内的森林和草地,不仅为大多数陆生植物和动物提供了栖息地,还提供了其他环境服务——从水源涵养、水质保持、洪水滞洪到土壤养分恢复的良性生态循

---

① K.A.沃科特,等.生态系统——平衡与管理的科学[M].欧阳华,等,译.北京:科学出版社,2002:78.
② 燕乃玲.生态功能区划与生态系统管理:理论与实证[M].上海:上海社会科学院出版社,2007:43.
③ 弗肯马克,诺克斯托姆.人与自然和谐的水需求:生态水文学新途径[M].任立良,等,译.北京:中国水利水电出版社,2006:185.
④ 弗肯马克,诺克斯托姆.人与自然和谐的水需求:生态水文学新途径[M].任立良,等,译.北京:中国水利水电出版社,2006:179.

环。流域将陆地生态系统和淡水生态系统结合在一起,是土地利用、水土保持和水资源管理的完整单元。①

也有一些学者和机构将流域综合管理概念界定为对流域内水土及其他资源的综合管理保护。如杨桂山等(2004)认为,流域综合管理的内涵包括以下层面:①流域是资源开发管理与环境保护的最佳单元。②流域综合管理应用综合观点对流域资源、生态、环境开发和保护进行管理,该观点体现在六个方面:一是流域是一个生态、社会、经济的复合系统,二是部门间的综合,三是政府间的综合,四是政府、企业、公众间的综合,五是学科间的综合,六是发展与保护的综合。③流域综合管理是一个统筹兼顾的协调、协商过程。④流域综合管理是一个动态的连续的发展过程。⑤流域综合管理应用行政、市场和法制手段进行优化管理。⑥流域综合管理是"自上而下""自下而上"相结合的过程。② 全球水伙伴组织也把在流域内对水、土以及其他相关资源的保护、管理、开发和利用进行跨部门协调的过程定义为流域综合管理;世界自然基金会(2007)认为,流域综合管理是为了用一种公平的方式使水资源的社会经济效益最大化,同时保护和恢复淡水生态系统,而在一个特定的流域内,进行跨部门协调、保护、管理和开发水土及其相关资源的过程。③ 流域综合管理依据的基础是流域生态系统的自然功能(包括相应湿地和地下水系统)。流域是淡水的源泉。因此,流域综合管理必须将维持生态系统的功能作为一个极为重要的目标。这个目标与《生物多样性公约》的主要目标相一致。④ 从全球水伙伴组织及一些学者对流域综合管理的解释来看,流域综合管理与流域生态系统管理的内涵在本质上是一致的,其目的都是维护流域生态系统功能,其方法都是采用综合的跨部门的协调方法,范围上都强调对流域内各种资源进行统一管理,流域生态系统管理的概念更强调流域生态系统的整体性、系统性管理。

---

① 燕乃玲.生态功能区划与生态系统管理:理论与实证[M].上海:上海社会科学院出版社,2007:43.
② 杨桂山,于秀波,李恒鹏,等.流域综合管理导论[M].北京:科学出版社,2004:11-13.
③ 世界自然基金会.河流管理创新理念与案例[M].周杨明,等,编译.北京:科学出版社,2007:57.
④ 世界自然基金会.河流管理创新理念与案例[M].周杨明,等,编译.北京:科学出版社,2007:87.

在可持续发展成为世界各国行动准则的背景下,可持续发展的理念和原则也在一定程度上为流域生态系统管理赋予了新的内涵。可持续发展是一种强调建立在生态环境承载力基础之上的社会、经济与资源、环境保护相协调的发展模式。对于可持续发展的具体实践而言,流域是比较合适的空间尺度和地理范畴,在流域层次上开展生态系统管理,是区域社会经济可持续发展研究和实践的重要组成部分。流域生态系统管理"建立在生态系统管理的基础上,从整个流域全局出发,统筹安排,综合管理,合理利用和保护流域内各种资源,从而实现全流域综合效益最大和社会经济的可持续发展"。①

流域生态系统管理与传统流域管理的区别主要表现为:首先,流域生态系统管理与传统流域管理的目标不同。传统流域管理的首要目标是促进经济增长,从而对流域环境资源进行充分利用和保护;流域生态系统管理强调在流域环境资源承载力范围内进行环境资源的开发和利用,其首要目标是维护流域生态系统整体健康与安全,以促进流域社会、经济与自然的和谐发展。其次,流域生态系统管理与传统流域管理的范围不同。传统流域管理从流域水资源的开发利用到水环境的保护,关注的仅仅是流域水资源的管理;流域生态系统管理在充分认识和了解流域生态系统结构与功能的基础上,对影响流域生态系统的各要素进行统一管理。此外,流域生态系统管理强调人类社会经济活动对流域生态系统的重要影响,从单纯关注流域自然生态系统转为对流域内社会、经济子系统进行全面考虑。而且,流域生态系统管理打破传统的行政界线,转而以自然地理单元和生态系统为划分界线,寻找流域生态环境与流域社会经济发展的平衡点,从而实现局部与全局,以及社会、经济与自然的和谐发展。

然而,强调流域生态系统管理,并不意味着由一个集权机构对流域生态系统中的各要素进行全面管理。流域生态系统管理要求在综合考虑流域生态系统各要素对流域生态系统的不同影响的情况下,对那些严重影响流域生态环境的要素进行管理和规范。同时,流域生态系统管理更注

---

① 邓红兵,王庆礼,蔡庆华. 流域生态系统管理研究[J]. 中国人口·资源与环境,2002(06):3.

重流域内各地区间的协调和合作,以流域为单位对资源和环境进行综合管理,从而实现保护和恢复流域生态系统的目标。

二、流域生态系统管理的法律内涵界定

法律对流域生态系统管理具有非常关键的作用。流域生态系统管理目标的实现只有通过法律这个强制性的行为调整器才能在实践中真正落实。

法律作为一种社会控制手段,可以在流域生态系统管理中发挥协调和平衡利益的功能。如果说一个社会总是存在不同的利益、不同的利益群体、不同的阶级,那么,法律必然需要在相互否定的利益之间、互相对立的利益群体之间进行平衡与选择,以使这种对抗继续维持在"秩序"的范围内。① 流域是一个利益关系复杂而庞大的复合生态系统,在这个共同体当中,存在着各种利益关系,不仅有流域整体利益与流域内个体利益的矛盾,也有流域内不同个体利益之间的矛盾;不仅有人与人之间的矛盾和冲突,还有流域资源环境与人类经济发展之间的矛盾和冲突;不仅需要照顾流域整体的利益,也要考虑流域内的个体利益。个体利益、群体利益和流域整体利益(公共利益)有时是一致的,但总体来说是相互冲突和矛盾的。法律必须在流域生态系统中的不同利益之间维持一种整体平衡,才能保持流域自然和社会经济的有序状态。制定法律的特定意图是减少社会混乱的风险,因为若让人们独立处理问题,他们将忽视其他人的利益,并由此危及公共利益。②

国家公权力的分配和控制直接影响流域生态系统管理的实施效果,法律可以通过分配和控制国家公权力达到保护流域生态系统的目的。流域公共物品的属性及流域整体利益的保护决定了国家公权力对流域管理的必要性;同时,流域自然、社会、经济复合生态系统的特性又决定了流域生态系统管理的多部门和多级性。然而,流域管理主体的多部门和多级性必然使各部门为了自身利益而争相逐利,从而妨碍其对流域生态系统

---

① 葛洪义.法学理论专题研究[M].北京:中国政法大学出版社,2002:179.
② 肯尼思·F.沃伦.政治体制中的行政法[M].3版.王丛虎,等,译.北京:中国人民大学出版社,2005:233.

的整体保护。因此,法律必须合理分配流域的管理权力,并对这种权力进行规范和控制,因为任何不加约束和控制的权力都可能会被滥用。流域生态系统管理法律制度正是为了保障流域生态系统管理的有效实施而做出的一项制度安排。

"在属性上,流域呈现出从自然单元、社会经济单元、管理单元到法律单元的发展过程"。[①] 流域法治涉及复杂多元利益的平衡,因此,从法律上界定流域生态系统管理的内涵,必须注意把握以下两个方面:一是把握流域生态系统的整体性。流域生态系统管理法律与政策规范应从流域整体出发,不仅要综合考虑流域内水、土、矿产、森林等各种环境要素的相互联系及对流域生态系统的影响,还要统筹考虑流域内自然、社会、经济、文化各要素的有机融合与相互促进。二是把握流域生态系统权利义务关系的分配。流域生态系统管理法律制度以流域生态系统保护、修复以及开发利用过程中的各种社会关系为调整对象,包括政府、公民、法人及其他社会组织等所有对流域生态系统有影响的主体之间所产生的相互关系。法律的调整就是对其主体的权利义务关系进行配置和规范。总体来说,流域生态系统管理法是指在根据流域自然边界和一定法律程序界定的区域范围内实施的保障流域生态系统良性运行的治理模式和制度安排。它从流域生态系统整体出发,综合考虑流域内各种影响因子以及流域内各种活动的联系性,以流域内开发利用过程中的各种社会关系为调整对象,对流域内各种主体的权利义务关系进行配置和规范,以统筹管理和保护流域内各种资源环境要素,保障流域生态系统健康运行,从而实现全流域自然、社会、经济的和谐发展。鉴于流域生态系统管理的法律规范要统筹协调流域内各种自然资源开发利用的相互关系,保护流域生态系统健康发展,因此,其应该是《中华人民共和国水法》(简称《水法》)、《中华人民共和国水污染防治法》(简称《水污染防治法》)等相关单行法规的上位法,而不应当是下位法。[②]

---

① 吕忠梅.长江流域立法研究[M].北京:法律出版社,2021:55.
② 吕忠梅,等.长江流域水资源保护立法研究[M].武汉:武汉大学出版社,2006:53.

第二章 国际流域生态系统管理法律制度

在遵从可持续发展理念的当今社会,国际规则是大多数国家环境和自然资源法律与政策制定的直接依据和重要渊源。国际文件中关于流域生态系统管理的规定,内容精彩纷呈,形式多种多样,它是人类在漫长的历史进程中共同创造的文明成果。因此,分析国际文件对流域生态系统管理的规定,对于制定我国流域生态系统管理法律与政策具有重要的参考价值。

第一节 流域生态系统管理的法律地位

一、联合国国际文件的相关规定

《联合国人类环境会议宣言》《21世纪议程》《生物多样性公约》等环境保护的国际文件在一定程度上为流域生态系统管理指明了发展方向。这些国际文件尽管没有直接强调流域生态系统管理,但都从保护地球生态系统及水生态系统的完整性以及管理手段的综合性方面进行了规定。如1972年在斯德哥尔摩通过的《联合国人类环境会议宣言》中的原则7规定:各国应当本着全球伙伴关系的精神开展合作,以维持、保护和修复地球生态系统的健康状况和完整性。1992年在内罗毕通过的《生物多样性公约》规定了水生生态系统及其所构成的生态综合体是生物多样性的组成部分之一。水生态综合体的复杂性和多样性必然需要综合的管理手段和方法。《联合国世界水资源发展报告:水与人类,水与生命》也明确提出,人类在过去的10年,已经逐步接受了两个重要理念:一是生态系统不仅有其自身的内在价值,而且为人类提供了不可或缺的服务;二是水资源的可持续利用要求公众参与,且以生态系统管理为基础。

1992年6月,联合国环境与发展大会在巴西里约热内卢召开,会议通过的《21世纪议程》对流域生态系统管理进行了较为全面和具体的规定。首先,该文件专设第18章对水资源综合管理进行规范。该文件提出:考虑到水生生态系统的运行和水资源的持续性,必须予以保护,以便满足和调和人类活动对水的需求。在开发和利用水资源时,必须优先满足基本需要和保护生态系统。其次,它界定了水资源综合管理的目标。该文件规定:水资源综合管理包括水陆两方面的综合管理,应在汇水盆地或亚盆地一级进行。同时实现以下四个主要目标:一是鼓励采取一种有活力的、相互作用的和多部门的方法,将技术、社会、经济、环境和人类健康方面结合起来考虑;二是根据国家经济发展政策,以社区需要和优先次序为基础,可持续地合理利用、保护、养护和管理水资源。三是由公众充分参与水管理政策制定和决策;四是加强或发展适当的体制、法律和财政机制,以确保水事政策及其贯彻执行成为可持续的社会进步和经济增长的催化剂。再次,《21世纪议程》强调了水资源、水质和水生生态系统保护的行动依据。该文件规定:全球淡水的长期开发要求对资源进行整体管理,并要认识与淡水和淡水水质有关的各种因素的相互关联性。最后,分析了影响水生生态系统的不同原因。

鉴于水生生态系统复杂的相互关联性,为有效保护水生生态系统,《21世纪议程》要求淡水管理必须从全局整体出发,采取汇水区管理法,而且要平衡考虑人类和环境的需要。

总之,以《21世纪议程》为代表的联合国有关文件不仅提出了水生生态系统综合管理的理念,而且要求根据流域单元保护水生生态系统,规定翔实而明确,可操作性强,为流域生态系统管理法律地位的确立奠定了扎实的基础。

二、国际水法的历史变迁

从1966年8月国际法协会第52届大会通过的《国际河流利用规则》

（又称《赫尔辛基规则》）到 2000 年的《21 世纪水安全：海牙世界部长级会议宣言》，国际水法的历史变迁揭示了国际水资源管理从分散到集中，从水资源管理到流域生态系统管理的发展趋势。

（一）《赫尔辛基规则》

《赫尔辛基规则》正式阐明了国际流域的概念以及利用水资源的公平合理原则。该规则第二条规定：国际流域指跨越两个或两个以上国家，在水系的分水线内的整个地理区域，包括该区域内流向同一终点的地表水和地下水。该规则第五条规定：每个流域国在其境内有公平合理分享国际流域内水域和利用的权利，而且要考虑各种因素的影响。例如，流域的地理条件，特别是各流域国境内水域的范围；流域的水文条件，特别是每个流域国提供的水量；气候对流域的影响；对流域水系的利用情况；各流域国的经济和社会需求；各流域国境内依靠流域水源生活的居民等。《赫尔辛基规则》关于国际流域概念的提出，对国际河流、国际水道概念和国际水法理论产生了重大影响，具有划时代的意义：一是其将国际河流和国际水道从干流及其支流扩展为整个河流及其支流的地表水和地下水系统，顺应了流域的自然属性；二是其突破了传统国际水法仅仅重视国际河流的可航性要求，为国际水域的综合利用和生态环境保护创造了条件。

《赫尔辛基规则》是国际水法历史上一个具有里程碑意义的国际文件。它的出台对于此后制定的公约和条约以及国与国间处理有关国际河流的开发利用问题都起到了重要的示范作用。

（二）《国际水道非航行使用法公约》

国际水法发展史上具有里程碑意义的另一国际文件是 1997 年 5 月经国际法委员会编纂，在联合国大会上投票通过的《国际水道非航行使用法公约》。《国际水道非航行使用法公约》对国际水道非航行使用的内容、原则、方式和管理制度等作了较全面的规定，是世界上第一个专门就国际流域的非航行用途缔结的公约。公约内容借鉴了《赫尔辛基规则》，在国际水道概念的界定上强调流域生态系统整体管理。如该公约第 2 条规定：水道指地表水和地下水系统，由于它们之间的自然关系，构成一个整体单元，并且通常流入共同的终点。国际水道指其组成部分位于不同国家的水道。这一概念与现代国际流域的概念是相同的，而公约之所以使用国际水道的措辞,一是强调水的自然流动性,体现自然与水的整体性;二是流域一词暗含领土含义,国际水道一词使上下游国家忽略绝对领土主权观点,从而考虑流域生态利益的整体保护。如该公约第六条第一款规定:为了公平合理地利用国际水道,必须考虑地理、水道测量、水文、气候、生态和其他属于自然性质的因素;第三款又规定:每项因素的分量要根据该因素与其他有关因素的相对重要性加以确定。在确定一种因素是否合理公平时,一切相关因素要同时在整体基础上考量后再作出结论。

另外,该公约还规定了开发利用国际水道、共享水资源的六大原则,其中公平合理地利用和参与原则强调,国际水道沿岸国家国应在其各自领土内公平合理地利用国际水道和参与国际水道的使用、开发和保护,承认各国在对有关国际河流的使用和受益方面有着平等的权利。①

(三)《关于水与可持续发展的都柏林声明》

1992年《关于水与可持续发展的都柏林声明》确立了都柏林四项原则。第一项原则规定:淡水是一种有限而脆弱的资源,对维持生命、发展和环境而言是不可或缺的。水支撑着生命的存在,因此有效的水资源管理要求树立整体性意识,把社会经济的发展与自然生态系统的保护联系在一起。有效的管理是把整个流域或者地下蓄水层的土地与水的使用联系在一起。该声明指出,执行都柏林四项原则能够保护水生生态系统,河流流域的综合管理提供了保护水生生态系统的机会,并在可持续的基础上向社会提供其惠益。该声明同时认为,水资源的最适当地理实体是河流流域,包括地表水和地下水,国际流域组织应当协调沿岸国家的利益、监测水的数量和质量、制定协调一致的行动方案、交流信息和执行协定,以解决水资源冲突。

(四)《21世纪水安全:海牙世界部长级会议宣言》

2000年3月22日通过的《21世纪水安全:海牙世界部长级会议宣言》(简称《海牙部长宣言》)对流域生态系统管理的法律地位作了更为直接和明晰的规定。它规定,为了实现水的安全,我们面临以下主要挑战:①满足基本需要。承认获得安全和充足的水以及卫生环境是人类的基本

---

① 孔令杰. 国际水道法相关国际判例研究[J]. 边界与海洋研究,2020,5(02):5-58.

需要,对人类的健康和福祉关系重大,并且应使人类,尤其是妇女,通过参与水的管理而获得相应的权利。②保护生态系统。通过对水资源的可持续性管理保证生态系统的完整性。③共享水资源。促进和平合作,加强各级不同的水用户之间的协调;对于同流域和跨流域的项目应通过可持续流域管理或者其他适当的方式开展国际合作。在一切可能的情况下,通过可持续的河流流域管理或者其他适当途径,促进和平合作,在国内各级不同的水用户之间开展合作,同时,对于边界和跨边界的水资源来说也要在各相关国家之间开展合作。为了迎接这些挑战,《海牙部长宣言》主张国际社会应该采取建立在水资源综合管理基础之上的行动,该行动包括了对水资源和土地资源的常规的和非常规的规划与管理;并考虑社会、经济和环境因素,同时把地表水、地下水以及它们流经的生态系统作为一个整体进行统一管理。

国际水法规从《赫尔辛基规则》到《海牙部长宣言》都用明晰直接的语言强调了水生生态系统的整体性,明确指出流域是最适合的水资源管理地理单元,要求对流域内水土资源统一规划与管理,同时充分考虑社会、经济和环境因素。这些规定正式确立了流域生态系统管理的法律地位。

三、国际流域管理规范的相关规定

国际流域管理规范也在践行流域生态系统整体管理理念。比较典型的国际流域管理规范主要有《多瑙河保护与可持续利用合作公约》(简称《多瑙河保护公约》)、《湄公河流域可持续发展合作协定》(简称《湄公河协定》)以及《莱茵河保护公约》。

《多瑙河保护公约》于1994年6月由多瑙河流域的全部国家签订,1998年10月生效。该公约注重多瑙河的保护、可持续利用和合作,并在具体的合作范围及事项规定上提出可持续发展原则。该公约强调缔约的目的之一是充分考虑多瑙河流域国家水利用的可持续管理。如《多瑙河保护公约》第二条规定:依据本公约的规定,各缔约方应该在水管理问题上进行合作,并采取适当的法律、行政和技术措施,以便至少能够保持和改善多瑙河及其流域水体的环境与水源状况以及防止和尽可能地减少正在发生或可能发生的有害影响和变化。该公约第二条第五款规定:水管理合作应以稳定的、有益环境的可持续的水管理为方向;保持自然资源的持续利用;避免持久的环境破坏;保护水生生态系统;采用预防方法。《多瑙河保护公约》践行了《赫尔辛基规则》关于国际流域的理念,其强调可持续和均衡的水管理,包括养护、改善和合理利用多瑙河流域的地表水和地下水,强调养护和恢复生态系统;规定设立多瑙河委员会,负责对各工业部门或行业的排放量提出建议,并监督该公约的实施。

《湄公河协定》于1995年签订。该协定是由柬埔寨、老挝、泰国和越南四国政府,本着以建设性和互利的方式持续开发、利用、保护和管理湄公河水资源所确立的合作框架。《湄公河协定》的目标为:重申为了所有沿岸国航运和非航运的目的,为了促进其社会经济发展和社会福利,并与保护、维护、增强和管理环境和水生条件以及保持该流域特有的生态平衡的需要相一致,各国决心继续合作和推动湄公河流域水资源及其相关资源的持续开发、利用、保护和管理。该协定第一条规定的合作范围在一定意义上体现了流域综合管理的特征,提出所有沿岸国按最佳利用和互利互惠的方式在湄公河流域水资源及相关资源的可持续开发、利用、管理及保护等所有领域(包括但不限于灌溉、水电、航运、防洪、渔业、娱乐及旅游等方面)进行合作,并尽量减少偶发事件及人为活动可能造成的不利影响。该协定第二条强调,为了所有沿岸国家的长远利益,充分开发以及防止对湄公河流域水资源的滥用,各国将以流域开发规划为指导,在开发过程中相互促进、支持、合作和协调。该流域开发规划将用来对项目和计划进行评价、归类和优选,以便在流域层次上为其实施寻求援助。《湄公河协定》的最大特点是将可持续发展原则贯穿于湄公河流域开发和保护的各方面,并成立湄公河委员会以确保协定的实施。

莱茵河发源于阿尔卑斯山脉北麓,是西欧第一大河,流经瑞士、奥地利、德国等9个国家。1950年,瑞士、德国等5国成立了保护莱茵河国际委员会。20世纪80年代以来,在该委员会的推动下,莱茵河流域各国签署了《莱茵河保护公约》。该公约是对此前1963年签订的《关于莱茵河防止污染国际委员会的伯尔尼协定(修正本)》(简称《伯尔尼协定》)及1976年签订的《保护莱茵河免受化学污染的伯恩公约》的进一步规定,是对莱茵河开发保护和利用的全面规范的公约。《莱茵河保护公约》不仅适用于莱茵河本身,还适用于与之相连的地下水、流域水陆生态系统以及影响莱茵河的污染行为,将河流、河流沿岸与河流冲击区域一起考虑,从整体的角度看待莱茵河生态系统的可持续发展。莱茵河管理机构有两家:一家是根据1815年维也纳会议制定的《河流自由航行规则》成立的莱茵河航运中央委员会,负责管理航运中的污染问题;另一家是根据1963年《伯尔尼协定》成立的莱茵河防止污染国际委员会,负责对莱茵河污染进行研究并提出有关建议。该委员会得到《莱茵河保护公约》的承认,并使之成为具有国际法人资格的国际机构。在两个机构的管理下,莱茵河流域的污染得到了有效治理。

四、地区水法规的相关规定

有关流域生态系统管理的地区公约中最典型的是2000年12月22日实施的《欧盟水框架指令》(简称《指令》)。该指令为欧共体在执行水资源政策方面制定了一个框架。《指令》第十六条规定:应将水的可持续管理和保护与其他政策,如能源、交通、农业、渔业、区域政策和旅游综合管理结合起来。不仅如此,《指令》还将流域管理与近海区域的管理统筹考虑,从而进一步扩展了流域生态系统管理的范围。如《指令》第十七条规定:一个高效和整体化的水政策必须考虑近海区域水生态系统的脆弱性。由于流入近海的内陆水的水质会对它们的平衡状态产生强烈影响,因此保护河流流域的水况,将会对鱼类种群(包括沿海的鱼类种群)的保护提供经济收益。《指令》第三十三、第三十四、第三十五条都强调以流域为单元进行综合水资源管理。如《指令》第三十三条规定,良好水况之目标实现应当从每个流域做起,因此属于同一生态、水文以及水文地质系统的地表水与地下水的管理措施也要协调一致。《指令》第三十四条规定:为了保护环境,需要对地表水和地下水在质量和数量方面进行更大程度的整合,重视水循环过程中水的自然径流情况。《指令》第三十五条规定:对于水资源的使用可能会影响跨界的河流流域,《指令》规定的实现环境目标的要求,以及所有的措施计划,在整个流域区应当协调一致。

第二节　流域生态系统管理的原则和方法

国际文件对生态系统管理与水资源综合管理的原则和方法的相关规定为流域生态系统管理制度架构的实施提供了价值取向和方法论指导。

一、流域生态系统管理的原则

流域生态系统管理的原则应在吸纳生态系统管理原则和流域水资源综合管理原则基本精神的基础上形成。1992年联合国环境与发展大会通过的《生物多样性公约》是对生态系统管理原则和方法规定最为全面的国际文件。2000年召开的《生物多样性公约》缔约方大会第五次会议正式提出了生态系统管理的十二项基本原则及相关的基本原理,具体分析如下:

原则一指出,土地、水以及生物资源的管理目标是社会的抉择,社会上的不同部门都是根据自身的经济、文化与社会需求来审视生态系统的。文化多元性与生物多样性都是生态系统的重要组成部分。生态系统管理应当通过公平、公正的方式,对生态系统的内在价值及其对人类提供的有形效益或者无形效益进行统一管理。

原则二指出,应当将管理分散至最低的合理层次。分散的体制会产生更大的效率、效力和公平。生态系统管理应当包括所有利益相关方,并且平衡当地的利益和更加广泛的公共利益。

原则三指出,生态系统的管理者应当考虑他们的管理活动对相邻生态系统以及其他生态系统的(实际或者潜在)影响。对特定生态系统的干预通常会对其他生态系统产生不可预知的影响。因此,生态系统管理者需要认真考虑和分析可能产生的影响。

原则四要求在一定的经济成本中认识和管理生态系统。任何此类的生态系统管理计划都应当:①减少对生物多样性具有不利影响的市场失灵因素;②调整激励机制,促进对生物多样性的保护和可持续利用;③对特定的生态系统在切实可行的范围内使成本与效益内部化。

原则五体现了生态系统管理的优先目标。生态系统的机能与恢复力依赖于物种内部、物种之间、物种与它们的无机环境之间的复杂关系,以及环境中的物理的和化学的相互作用。与对物种的简单保护相比,对这些相互作用与过程的保护以及适当的修复对生物多样性的长期维护更为重要。

原则六要求,对生态系统的管理必须在生态系统功能的限度之内。在考虑实现管理目标的可能性或者难易程度时,应当关注对自然生产力以及生态系统的结构、机能与多样性具有限制作用的环境条件。生态系统功能的限度会在不同程度上受到临时的、不可预知的或者人工维持的条件的影响,因此在管理上应适当、慎重。

原则七认为,生态系统管理应当在适当的时间与空间尺度上实施。生态系统管理应当以与管理目标相适应的时间与空间尺度为边界。

原则八认识到生态系统具有不同时间尺度和时滞效应的特征,认为生态系统的管理目标应当设定在长期的时间尺度上。

原则九认为,生态系统是变化的,因此,生态系统管理应当根据变化进行调整。除了变化的内在动态性,生态系统还受到人文、生物和环境领域的不确定性以及潜在的"突变性"的复杂体系的困扰。为了预测和应对这类变化与事件,生态系统管理必须利用适应性管理,在制定可能会对选择权造成妨碍的任何决策时应当慎重。

原则十认为,生态系统管理应当在生物多样性的保护和利用之间寻求适当的平衡与统一,并对它们进行适当的整合。过去对生物多样性的管理要么作为保护的,要么作为非保护的。生态系统管理要求向更具弹性的管理转变,对生物多样性的保护和利用视情况而定。

原则十一指出,所有的信息对制定有效的生态系统管理制度都非常重要。在制定任何决策时,管理者应当将来自所有相关领域的信息与利益相关方和参与者共享。

原则十二指出,生物多样性管理中的大多数问题都具有复杂性,因此应当要求包括地区、国家,以及国际专家和利益相关方的参与。

《生物多样性公约》确立的生态系统管理的十二项原则为流域尺度的生态系统管理提供了价值取向和指导原则。

结合国际文件对水资源管理的相关规定可以看出,水资源管理原则应当符合生态系统管理原则的基本精神,流域生态系统管理是以流域为单元的生态系统管理。因此,流域生态系统管理原则应在生态系统管理原则基础上注重流域生态系统的整体性特征,综合考虑流域内各种水土资源,利用多元规制手段,坚持适应性管理原则,平衡流域内各种利益关系,以促进流域生态保护和社会经济可持续发展。

二、流域生态系统管理方法

国际文件对流域生态系统管理方法的规定仍然体现为生态系统管理方法和水资源综合管理方法两个方面。《21世纪议程》在对水资源管理内涵和原则规定的同时,也提出了水资源综合管理的具体方法。如该议程中的第八章规定:制订灵活的综合规划办法,这种办法可以容纳多种目标并可以按照不断变化的需要而调整;对生态系统或流域采取综合区域方法;推行综合管理制度,尤其在管理自然资源方面;在区域一级采用综合方法以推行可持续发展,包括跨界领域,要以具体环境和需求为条件。

同时,《21世纪议程》也规定使用经济手段与市场及其他鼓励措施来促进水资源综合管理。如第八章规定:环境法规和条例是重要的,但仅靠这些不能处理环境与发展问题。价格、市场以及政府财务和经济政策在对环境的态度和行为方面也发挥着互补的作用。该议程第八章进一步指出市场手段对处理环境问题的有效性。包括由污染者和自然资源使用者付费。要求各国政府作出适当努力,在适合各自国家的发展政策、法律和条例的框架之内,更有效和广泛地采用经济和市场的手段,并考虑到国家计划、优先事项和目标,以便:①确立经济、管制和自愿的有效综合办法;②取消或减少那些不符合可持续发展目标的津贴;③改组或重新修订经济和财政鼓励方面的现有结构,以满足环境与发展的目标;④制定政策结构,以鼓励在控制污染和无害环境资源管理方面开拓新的市场;⑤采用符合可持续发展目标的定价方法。

在《生物多样性公约》科学技术咨询机构第一次会议上,生态系统管理方法首次作为一个基本的行动框架被接受。随后,在2000年召开的《生物多样性公约》缔约国会议上,重申了生态系统管理方法的科学内涵和实施办法,使生态系统管理方法成为一个既有科学概念又有丰富内涵的较为完善的体系。其科学内涵和实施办法的规定体现在以下五项行动指南中。

(一) 关注生态系统的各种功能关系和过程

在生态系统管理过程中,管理者必须充分理解生态系统结构、功能以及系统各组成部分之间的重要作用,特别是生态系统恢复能力及生物多样性丧失所造成的影响;了解生物多样性丧失的根本原因,关注生态系统管理决策过程中当地生物多样性所起的决定性作用等。

(二) 促进利益共享

生态系统的生物多样性及其他组成部分的功能所产生的效益,是人类生存环境安全及其可持续性的基础。生态系统管理正是要确保这些功能、效益得以维持和恢复,特别要确保承担生产和管理责任的部门或个人从中获益。此外,还需要加强承担生态系统管理的基层单位的能力建设,正确评价生态系统的产品和功能,消除贬低生态系统产品和服务的不正当动机。

(三) 不断调整管理措施

生态系统的运行过程和功能是复杂的、多变的。其不确定性程度随生态系统与社会结构的相互作用程度而增加。因此,在制订生态系统管理的长期计划时,应考虑这些复杂性、多变性和人为因素所产生的影响及各种意外情况。生态系统管理措施不是一成不变的,必须适时进行调整。

(四) 为生态系统管理选定适当的时空尺度,由基层单位承担管理任务

生态系统是一个功能单元,能在任何时空尺度上发挥其功能作用。我们的管理决策和行动应首先确定适当的层次。基层单位要直接参与生态系统管理的决策和行动,首先要得到适当的授权,使之既有机会承担责任,又有能力实施合理的管理行为,其次需要得到政策和法律的支持。在有公共财产投入的地方,管理的时空尺度必须适当加大,以便能处理所有相关单位和个人的管理活动所产生的影响;同时还必须制定适当的制度以解决不同地区、部门或单位之间的争端。有些问题的解决可能需要在较高层次上采取行动,如跨越边界的合作,甚至在全球层面的合作等。

(五)确保部门之间的相互合作

生态系统管理要求改进国家层面的生态系统管理对策和行动计划,并将生态系统方法融入农业、渔业、林业和其他生产领域。按照生态系统管理的理念,生态系统管理应该增加各部门之间在一系列平台上的信息交流和相互协作。这可以通过在政府内部建立部门之间的协调机构,或建立共享经验的机制来实现。

《生物多样性公约》确定的生态系统管理的具体实施办法为流域生态系统管理提供了重要的方法论指导。

根据《21世纪议程》《生物多样性公约》对水资源管理方法和生态系统管理方法的规定,水资源管理方法和生态系统管理方法在本质上是一致的,两者都强调综合的而不限于单一的资源管理方法;强调政府和市场等多元管理手段;强调综合的协调管理机制等。流域生态系统管理方法是在流域范围内实施的生态系统管理方法,是生态系统管理方法和水资源综合管理方法在流域范围内实施的综合体现。①

---

① 刘永,郭怀成,黄凯,等.湖泊—流域生态系统管理的内容与方法[J].生态学报,2007(12):5352—5360.

第三章 主要国家流域生态系统管理法律制度的比较

研究和总结国外流域生态系统管理法律制度,可以对我国的流域管理制度构建有所借鉴。为汲取有代表性的国外流域生态系统管理法律制度的经验,我们根据国家水资源总量、人均水资源量、水资源的时空分布情况等因素选取六个国家分为三类进行比较研究:第一类是国家水资源总量、人均水资源量都比较丰富的加拿大和巴西;第二类是国家水资源总量、人均水资源量处于中等水平的美国和墨西哥;第三类是国家水资源总量、人均水资源量相对不足和不均衡的罗马尼亚和印度。

第一节 加拿大和巴西流域生态系统管理法律制度

一、加拿大流域生态系统管理法律制度

加拿大位于北美洲北部,东临大西洋,西濒太平洋,北靠北冰洋,南接美国本土,海岸线长约24万多千米,国土面积998.5万平方千米,居世界第二位。

(一)加拿大流域及水资源概况

加拿大地区间气候差异较大,大部分地区属大陆温带针叶林气候。降水量在空间上分布不均,东部、南部多,西部、北部少。加拿大河流按其流向,分为哈得逊湾水系、北冰洋水系、大西洋水系和太平洋水系四大水系。哈得逊湾水系是加拿大最大的水系,流域面积达369万多平方千米,北冰洋水系流域面积为359万平方千米,大西洋水系流域面积为150万

平方千米,太平洋水系流域面积为 104 万平方千米。

加拿大境内湖泊众多,最大的湖泊是大熊湖,面积达 3.13 万平方千米,比五大湖中的伊利湖和安大略湖还大。

联合国粮食及农业组织(FAO)统计资料显示,2019 年,加拿大拥有全世界 9% 的可再生淡水量,是世界上最大的淡水储备国。加拿大可再生水资源总量为 29 020 亿立方米,人均可再生水资源量为 77 570.67 立方米。综合考量,加拿大属于水资源十分富足的国家。

(二) 加拿大流域生态系统管理法律政策体系

1. 流域生态系统管理法律与政策的历史发展

由于加拿大境内河流数量众多,流域面积较大,加拿大政府十分重视水资源管理工作。1970 年以前,加拿大政府水资源管理的重点在于水资源开发,强调水资源工程建设以促进经济快速增长,国家和各省都修建了许多水利工程。由于水资源的过度开发,加拿大河流的水质明显下降,为了改善水质,1970 年,加拿大先后颁布了《水法》《北部内陆水体法》《北极水污染防治法》《航行水体保护法》《国际河流水体改善法》等。

1970 年《水法》颁布以后,加拿大开始重视流域管理工作,重点是强调污染治理和水资源的规划评价工作,出台了一些与污染防治和环境评价有关的法律制度,如《环境评价及其审批程序》《环境污染物法》等。

1987 年,世界环境与发展委员会提出了可持续发展的概念,这一概念引领加拿大流域管理事业进入了一个崭新的阶段。加拿大的流域管理开始关注水的非消费性价值,着眼于建立支撑社会可持续发展的水系统,确保当代人和后代人用水权的平等兼顾。1987 年出台了《联邦水政策》,1990 年修订了《水法》,1988 年、1999 年先后修订了《环境保护法》。

2. 现行流域生态系统管理法律与制度体系

(1) 宪法。加拿大 1982 年《宪法》第三十六条规定:在不改变议会或者省立法机关的立法权或者不改变它们享有的行使其立法权力的情况下,议会和省立法议会以及加拿大政府和省政府负有下述义务:为了加拿大人的幸福,促进均等的机会;为全体加拿大人提供质量合理的主要的公共服务事业。

(2) 联邦流域立法。联邦流域立法主要有《联邦水政策》《水法》《环境保护法》。《联邦水政策》是加拿大水事管理的基本制度,其规定了水事管理的总战略、政策实施、水质管理、地下水管理等诸多原则和具体事宜。例如,《联邦水政策》的总目标是:采用与现在及未来社会、经济和环境需要相和谐的高效和公平的方式利用淡水。同时,《联邦水政策》确立了一体化的战略规划要求,对水资源采用一体化的方式进行规划和开发,以便公正和有效地满足对水资源日益增长的质量和数量的需求。

《水法》是联邦和省对全国水资源联合管理的纲领性文件,是对加拿大水资源开发、利用和保护(包括研究、规划和方案实施)的一项法令。该法令重点包括四部分内容。第一部分是水资源的综合管理规定,内容涉及联邦和省的责任安排、全面的水资源管理方案、联邦和省的水资源规划等;第二部分是水质管理的规定,包括污染物种类、联邦和省的水质管理义务、水质管理的机构、水质管理的区域等;第三部分是为减少水的富营养化而规定的一系列禁止性行为和标准;第四部分明确了违反水法的惩罚性规定等。

1999年《环境保护法》是在1988年《环境保护法》的基础上修订而成的,于2000年3月正式生效。其内容涉及环境资源管理的术语定义,实体制度、程序规则、实施目标、指导原则、行为准则、执行保障、救济方法等内容。该法将可持续发展作为立法追求的终极目标,包括代内公平、代际公平、可持续利用、环境与发展一体化四个核心要素,并要求采用符合生态系统特点的管理方法。

(3)各省流域立法。加拿大各个省和行政区都有各自不同的水法或流域立法,如不列颠哥伦比亚省1996年的《水法》《环境管理法》;安大略省的《安大略水资源法》《安大略湖泊和河流改善法》;育空地区的《育空水法》;西北地区的《西北区域水法》等。

(4)国际条约。加拿大是一个国际河流众多的国家,与其他国家签署了许多国际协议。早期协议的目的是解决国家间的边界问题,如1909年《边界水域和美加边界有关问题的华盛顿条约》;后期协议以淡水保护为主要目标,如1972年美加签署了《大湖水质协定》,协定内容包括最低水质标准、整体治理计划和针对各污染源的具体治理计划及实施安排等,目的是恢复并维持五大湖流域生态系统的水域在化学、物理和生物方面的统一性。

（三）加拿大流域管理制度结构

1. 重视水的生态价值和水生态系统的可持续发展

加拿大立法非常重视水资源的生态价值。《联邦水政策》开篇规定：我们必须像对待其他宝贵资源一样谨慎地管理水。我们的目标是在我们的时代，我们应该给我们的子孙后代留下没有受到损害的水……《联邦水政策》要求以全新的方式来对待加拿大的水——一种赋予该资源真正价值的方式。我们必须开始将水视为既是保持环境良好的关键资源，又是具有真正价值的日常必需的物资，并据此对其进行管理。

加拿大各水资源相关立法无不重视水生态系统的可持续发展。《联邦水政策》提出，将采用与现在及未来的社会、经济和环境需要相和谐的高效和公平的方式利用淡水作为加拿大联邦水政策的总目标。《环境保护法》将可持续发展作为立法所追求的终极目标，为保护加拿大人免受有毒物质污染提供了一个强大的制度框架。

2. 联邦政府和省政府协作保护流域生态系统

加拿大政府一直高度重视联邦政府、省级政府与各领地之间的合作伙伴关系，有针对性地处理有关国家和地区的重大水问题。《水法》规定：经联邦内阁批准，环境部长可以同各省政府共同对具有全国重要性的水域进行研究和制订计划。《联邦水政策》也规定，对于水资源的有效管理，无论是通过法规、政策和实用法典来规定，还是通过范例来引导，都必须依靠有权限的机构和私营部门一起合作研究制定科学的管理制度。

3. 确定流域水资源管理的流域生态系统管理方法

流域生态系统管理方法被认为是实现可持续发展的一种管理方法。它是一种一体化的综合管理模式，强调水资源系统的各组成要素及其与人、社会、经济、环境的关系，要求人们在管理水资源的过程中更多地关注水系统而不是水资源。流域生态系统管理方法是基于流域的单元特征，对流域生态系统的所有组成部分，如空气、水、鱼、野生生物和人类等互相关联、互相影响的要素进行统一规划和管理。

加拿大水管理机构已普遍把流域生态系统管理方法作为管理区域水资源与水环境的主要方法。立法也普遍将生态系统的健康规定作为评价环境质量的内容,运用生态系统的方法预防污染。例如,《环境保护法》规定:加拿大政府应当采取预防性和补救性措施来保护、改善和恢复环境,实施一种考虑生态系统统一性和基础特征的生态系统方法来预防污染。《联邦水政策》认为,流域正日益成为水资源规划的最优空间单元。无论是政府行为还是私人行为,以流域为单元进行规划的方法在水资源规划中都具有重要意义。

4. 规定了水污染的预防原则

加拿大各水资源立法都确立了水污染的预防原则。加拿大《水法》第一条规定:本法的目的是通过预防水污染,减少其给国民健康和环境带来的危害,并正确地维护如河流、湖泊、沼泽等公共水体的质量,使全体人民有一个卫生、舒适的居住环境。《联邦水政策》确定了保护和改善水资源的水质目标。这一目标旨在预防加拿大的水被污染,并致力于恢复已经被污染的水。

5. 建立水质管理区域

加拿大《水法》规定:联邦环境部长在联邦内阁或某一省的支持下,可以建立水质管理区并处理水质问题。联邦环境部长只有在满足下列三个条件的情况下,才能建立水质管理区:①联邦政府与省政府之间达成了协议,或者各省达成协议寻求跨界水的合作。②该水域涉及重大的全国性利益。③联邦内阁批准建立。水质管理机构的主要职能是确定污染物的性质和数量及目前该区域水质状况,预测将来有可能被添加到管理水域的各类污染物数量,制订水质管理计划。

6. 流域管理体制

为了满足流域水资源可持续管理的需要,加拿大对联邦政府、省政府及地方政府的流域水资源管理机构进行了较大力度的改革。加拿大在联邦和省级政府分别设立不同管理职能的流域管理机构,同时根据不同情况在某一流域设定特定流域管理机构。联邦流域水资源管理机构负责对流域水资源实施综合管理,其职能主要由环境部、渔业与海洋部、农业部承担。

省级政府所成立的专门流域水资源管理机构,负责实施流域管理的具体工作。各省根据不同情形将原来分布于该省政府诸多机构的流域水资源管理权集中于一个或少数几个机构,如阿尔伯特省将原来的环境厅、公园与森林厅、土地与野生生物厅合并为环境保护厅,使原来分散于省政府三个部门的流域水资源管理权集中到一个部门。各地方政府为了适应联邦和省政府的流域水资源管理机构的改革,也对流域水资源管理机构进行了较大的调整,使调整后的地方政府能更高效地执行联邦和省政府流域水资源管理机构的各项政策和法律。

同时,为了更好地管理加拿大的水资源,加拿大还成立了水资源协会组织,如加拿大水资源协会、淡水管理委员会、加拿大地下水或井水管理协会。这些协会组织积极参与各种水问题的讨论,强调与公众进行监督磋商,甚至参与制定水质标准。值得一提的是,淡水管理委员会鼓励采用保护生态系统的方式保护水生生态系统,与公众一道共同合作管理流域水资源。

(四)加拿大流域生态系统管理法律制度对我国的启示

加拿大有关流域管理的法律制度,在以下两个方面值得我们借鉴。

1. 流域综合管理理念的立法确立

为了促进加拿大的河流及湖泊的可持续利用,加拿大强调水资源系统的各组成要素及其与人、社会、经济、环境的关系,要求人在管理水资源过程中更多关注包括水资源在内的整个流域生态系统而不是单纯的水资源。我国《水法》虽然也规定实行流域管理,并规定了流域管理与行政区域管理相结合的管理体制,但现行法律法规对流域生态系统整体的保护仍有缺欠。

2. 高度协作的流域管理模式

加拿大流域管理模式是联邦政府和省级政府成立专门负责流域水资源管理的机构。该机构负责流域水资源管理的协作、民间协会组织与政府管理机构间的协作、流域所涉水域的国际协作。我国现行法律虽然确立了流域管理机构,如第一部流域立法——《长江保护法》专门设立了长江流域协调管理机构,实行流域管理与区域管理相结合的模式。但由于流域内各资源管理分属不同的部门和区域,流域协同管理并没有真正实施到位,难以达到流域整体生态系统健康有序运行的效果。我国流域管理相关法律法规必须尽快明确流域管理的职权和范围,确定权威的流域管理机构来统一协调管理流域内的各环境资源要素。

二、巴西流域生态系统管理法律制度

巴西国土面积为851.49万平方千米,为世界第五大国。全境地形分为亚马孙平原、巴拉圭盆地、巴西高原和圭亚那高原,其中亚马孙平原约占全国面积的1/3。巴西海岸线长7 400多千米,地形分成3个主要部分,占地面积最广的是高原,其次是平原和盆地。

(一)巴西流域及水资源概况

巴西降水丰富,大部分地区年降水量高达1 000毫米。降水量最丰富的地区是帕拉州的沿海陆地和西部的亚马孙地区,有记录的年降水量超过3 500毫米。东北部各地的平均降水量较低,最低仅为279毫米。

巴西巨大的、密集的集水区域有8个流域,其中亚马孙和特卡汀—阿拉瓜亚流域占8个流域总面积的56%。巴西拥有世界上20条最长河流中的10条。其中亚马孙河全长6 751千米,流域面积达390万平方千米;巴拉那河系包括巴拉那河和巴拉圭河,有丰富的水力资源;圣弗朗西斯科河系全长2 900千米,是该地区主要的灌溉水源。

FAO统计资料显示,2019年巴西国内可再生水资源总量为86 470亿立方米,人均淡水拥有量为40 971立方米。综合考量,巴西属于水资源十分丰富的富水国家。

(二)巴西流域生态系统管理法律制度体系

1. 流域生态系统管理法律制度的发展阶段

巴西有关流域管理的法律制度建设可分为三个历史阶段。

(1)适航阶段。这一阶段主要的法律是1916年颁布的《巴西民法典》(后被2002年颁布的《新巴西民法典》所取代)。在《巴西民法典》中,水被当作物品来对待,河流被认为是人民共同分享的公共财富,在当局所制定的相应制度下,这种公共财富可以被免费或有偿使用。如该法第66条明确规定:人民共同使用是河流作为公共财富的唯一先决性特征。

(2)水力发电阶段。其标志是1934年《水法》的颁布。该法颁布的背景是满足不断增长的能源需求,开发巴西拥有的巨大水力发电的潜能。1934年《水法》将水视为一种工业资源,没有把水看作是一种必然保护和可持续利用的自然资源,因此也没有包含水资源的整体生态系统管理理念。随着社会经济的发展,1988年颁布的《联邦宪法》、1997年颁布的《国家水资源管理办法》和2002年颁布的《新巴西民法典》,都制定了与流域生态系统管理相关的规定。

(3) 环境保护阶段。1934年《水法》颁布以后,巴西水法制度一直没有太大的变化,直到1981年《环境政策法》和1997年《水法》的颁布。这些法律均承认,水是一种有限的资源,需要从生态角度考虑水的环境价值;同时认为水资源的管理必须是全民的、综合的、共同的管理。一些新的理念,如付费使用、共同参与和生态系统管理等随即产生。

2. 现行流域生态系统管理法律制度体系

(1) 联邦宪法。1988年颁布的《巴西联邦共和国宪法》规定,水资源属于国家所有。即在巴西领土上,所有河流、湖泊,与邻国共享的界河,延伸至其他国家的河流以及河岸、滩涂都是联邦的共同财产。同时确立了一个包含联邦、州和市三个层级的行政管理体制,而且每一个层级都拥有相应的自治权。

(2) 联邦法律。巴西的水资源法律主要有1934年颁布的《水法》、1991年颁布的《国家环境政策法》、1997年颁布的《国家水资源政策法》和2000年颁布的《国家水事法》。其中,最重要的是1997年颁布的《国家水资源政策法》。该法将水资源管理的目标、原则以及国家政策法律实施手段融为一体。水资源的管理目标是:为现在的人类和将来的后代考虑,确保水的持续利用,避免自然和人为原因造成严重水文事件的发生。在立法原则上强调水是公共财富、水是有限的自然资源,承认水资源的生态价值及经济价值。在国家政策法律实施手段方面,规定水资源的管理必须权衡多重使用的价值,流域作为国家水资源管理政策体系的执行单元,流域水资源的管理应该是广泛和民主的参与等。

(3) 州宪法。巴西的州宪法由于各州地理位置、经济发展状况、人口密度等方面不尽相同也有所差异。其中比较典型的有《圣保罗州宪法》《亚马逊州宪法》,它们在水资源权属和流域生态环境保护方面的规定比较系统和全面。

(4) 国际条约。巴西是一个国际河流众多的国家,与其他国家签署了许多国际协议。例如,1978年巴西同哥伦比亚、秘鲁等国签订了《亚马孙合作条约》。该条约的宗旨在于促进缔约国在亚马孙河流域的开发和协作,公平地分配利益,改善缔约国人民的生活质量,实现亚马孙河流域各国之间的全面经济合作。

(三)巴西流域管理制度结构

1. 明确流域管理的基本目标

根据巴西流域管理的相关法律法规,巴西流域管理的基本目标为:

(1)保证当前和未来人们可以获得需要的、符合标准的水。

(2)在确保水资源可持续利用的前提下满足水资源的合理与综合利用。

(3)防止自然原因或自然资源不当利用造成水危机的发生。

同时,巴西在实施水资源管理时要求考虑以下因素:

(1)水资源管理应是系统性的,应同时关注水质和水量。

(2)应充分考虑巴西不同地区在人口、经济、社会、文化及地理、生物方面的差异。

(3)综合考虑环境管理。

(4)在水资源规划编制时要协调联邦、州和地区的关系。

(5)充分考虑土地利用、流域管理、河口及沿海开发。

为实现这些目标,巴西规定把流域作为全国水资源管理政策中的国土单元。尽管有反对者认为把流域作为国土单元是不合适的,但考虑流域生态系统特性以及流域生态环境的需求、问题及目标,巴西仍坚持把流域作为水生态系统整体管理的重要单元。同时,巴西强调,水资源利用应具有多重目的。从20世纪中叶开始,随着卫生、灌溉、工业和其他行业对水的需求的增加,水资源短缺问题凸显,保障流域生态环境用水成为巴西流域水资源管理的重要内容。

2. 巴西流域管理的政策工具

巴西在水资源管理中应用一系列政策工具来贯彻水资源管理的原则及理念,从而引导全社会树立正确的用水观念。

(1)水资源规划。巴西的水资源规划是流域、州及国家层面关于水资源各项行动计划的制度安排,是巴西水资源管理的基础及实施全国水资源政策的总体要求。该规划为长期规划,包括水资源现状、未来水质水量供需分析,以及人口变化、经济发展和土地利用改变对水资源状况影响的分析。巴西水资源规划对水的合理利用、增长需求及水质改善提出了目标任务,确定了所采取的具体措施以及达到目标所需建设的水资源工程布局,并对限水区域、水资源税及优先取水许可项目提出建议或标准。

(2) 取水许可制度。巴西于1988年颁布的《联邦宪法》废除了水的私人所有权。因为水是公共财产,政府必须从水的质和量两方面考虑家庭用水量、工业用水量和灌溉用水量发生冲突时的用水优先权问题;在工业废水排放、城市污水排放,以及在河流湖泊和地下水层建造大坝、运河等方面的用水优先权问题。巴西取水许可不得委托政府以外的任何组织或机构进行,水权只能由联邦政府组成部门或各州的有关政府机构授予。国家水管理处发布对联邦的水的利用许可,州水管理处发布其他许可。这些许可必须在官方机构发表以显示其权威性。

(3) 运用经济措施。由于亚马孙河流域丰富的水资源,除了东北部半干旱地区,巴西通常是不会缺水的。但由于降水不均衡,巴西的某些流域和地区也存在水资源的短缺问题。为解决缺水地区的水资源供给和需求的矛盾,巴西实施了一些经济措施来保障水的高效利用。例如,巴西国家环保法律制度规定收取通过水资源费来保护水资源。收费仅仅适用于那些需要许可的使用,无需授权使用的用水则不必缴纳水资源费。

3. 巴西流域管理体制

巴西目前的水资源管理体制包括全国水资源委员会、全国与州水资源秘书处、河流流域委员会、水管理局以及与水资源管理有关的民间组织等。

(1) 全国水资源委员会。全国水资源委员会是巴西水资源管理体制中的最高机构。其主要职能包括:一是推进国家、州和地方水资源规划的整合;二是对州一级水资源委员会的水资源纠纷作出最终行政裁决;三是对水资源利用工程的跨州影响作出评估;四是指导全国水资源政策的执行、政策工具的应用和信息系统的运行;五是批准建立河流流域委员会,并确定该委员会的运行模式;六是监督全国水资源规划的实施,并完成规划的行动方案等。

全国水资源委员会由巴西联邦政府中承担水资源管理职能的部局、各州水资源委员会以及用水者、民间组织的代表组成，其中联邦政府代表数要占50%。该委员会主席由巴西环境部部长担任，执行秘书长由环境部负责水资源管理事务的部门领导担任。

(2) 全国与州水资源秘书处。作为环境部的一个机构，全国与州水资源秘书处成立于1995年。在巴西水资源管理体制中，该秘书处是具体的管理机构，也是全国水资源委员会的执行机构，其主要职能包括：一是协助全国水资源委员会管理行政、技术和财务等事务；二是向全国水资源委员会和河流流域委员会报告工作进度；三是协调水资源信息系统的建设与运行等。同时，各州也成立了相应的秘书处，主要职能是授予用水权，在水质、水量两方面对水资源进行监督和管理，组织和实施水资源费征收，对违规使用水资源或违反水资源规划的行为进行处罚等。

(3) 河流流域委员会。巴西于1997年颁布的《水法》的一个最重要的贡献就是建立了河流流域委员会。河流流域委员会是保护河流流域自然资源特别是水资源的组织，其主要职能包括：对水资源纠纷进行仲裁；批准流域水资源规划；监督流域水资源规划的执行。联邦层面的河流流域委员会，其代表组成包括联邦政府、所在州或联邦特区、市，用水者及民间水资源组织。

(4) 水管理局。在巴西全国水资源管理体制中，水管理局是一类有特色的组织，是作为河流流域委员会的执行秘书处运作的。尽管河流流域委员会与水管理局关系密切，但两者的作用大相径庭，主要不同点在于其自身性质和组织结构。水管理局的主要职能包括：对本辖区的水资源数量进行计算和统计；负责用水户登记；收取水费；对须由水费支持的水资源工程进行评估；监督水费的管理使用；管理水资源信息系统。水管理局的成立须由河流流域委员会提出，经联邦或州的水资源委员会批准。

(5) 与水资源管理有关的民间组织。在巴西，民间组织在水资源管理决策过程中发挥了十分重要的作用。巴西的水资源管理民间组织有三类：一是各市之间的联合组织，因为有市长等官员参加，其政治影响力较大；二是与流域有关的协会，如非政府组织；三是区域、地方或行业的用水户协会以及水资源学术研究组织等。

（四）巴西流域生态系统管理法律制度对我国的启示

考察巴西有关流域生态系统管理的法律制度，以下几个方面的经验值得我们借鉴。

1. 坚持流域整体发展原则

巴西《环境政策法》确定的重要原则之一就是可持续使用土地、水和空气。该法案赋予国家环境委员会的权力是通过制定维护和控制环境质量的标准和方法，达到可持续使用环境资源特别是水资源的目的。我国流域生态系统相关立法时也必须考虑流域整体发展的原则，不仅要考虑流域内水资源的可持续利用，还应从土地、森林、矿藏等其他资源的可持续发展出发对流域生态系统进行整体管理。

2. 注重经济手段的运用

尽管巴西是富水国家，但巴西政府从 2003 年起也在 4 个跨州流域陆续推广取水收费制度，即用水单位不再无偿从江河中取水，要按标准支付水费，强调了水资源的经济价值，同时要求实行取水收费的地区必须将所收水费全部用于水资源的保护，不得挪作他用。而且，各地区要依法成立具有法人资格的水文局，由水文局根据流域规划使用这些资金来实施各项水资源保护的社会项目。我国是水资源短缺与水污染严重并存的国家，在人口多、水资源开源受限的情况下，如何发挥经济杠杆作用，进一步在全社会培育正确的用水观念，推进节水型社会建设，从而保障经济社会的可持续发展，显得尤为重要。

3. 明确流域管理机构及地位

巴西从上到下建立了一系列高效、权威、科学运行的流域管理机制，并以法确立流域管理机构的法律地位，从而强化其对流域水资源的宏观调控和重大决策权力，这是巴西流域管理成功运行的关键因素。我国现行法律虽然确立了流域管理机构，规定实行流域管理与区域管理相结合的模式，但由于多种原因，目前并没有真正实施流域管理，很多规定流于形式。我国流域管理相关法律法规有必要尽快明确流域管理的范围，树立流域管理机构在流域管理统筹协调方面的权威，确立流域协商决策和协调议事的机制，统一协调管理流域内的各环境资源要素，以切实达到维护流域整体生态系统的目的。

第二节 美国和墨西哥流域生态系统管理法律制度

一、美国流域生态系统管理法律制度

美国地处北美洲中部,总面积达937万平方千米。辽阔的地域上山地占国土面积的三分之一,丘陵和平原占三分之二,平原、山脉、丘陵、沙漠、湖泊、沼泽等各种地貌类型均有分布。境内地势东西两侧高、中间低,东部与西部以落基山东麓为界;落基山山脉同时也是美国太平洋水系和大西洋水系的分水岭,两边的气候和自然条件差异较大。

(一)美国流域及水资源概况

美国河流大都为南北走向,主要水系有以下5个:一是墨西哥湾水系,由密西西比河及格兰德河等河流构成,流域面积占美国国土面积的三分之二;二是太平洋水系,包括科罗拉多河、哥伦比亚河、萨克拉门托河等;三是大西洋水系,包括波托马克河以及哈得孙河等;四是白令海水系,由阿拉斯加州的育空河及其他诸河构成;五是北冰洋水系,包括阿拉斯加州注入北冰洋的河流。根据降水量的自然分布,美国水资源特点可以概括为东多西少,人均丰富。全美多年平均降水量为760毫米。以西经95度为界,美国可分成两个不同区域:西部17个州为干旱和半干旱区,年降水量在500毫米以下,西部内陆地区年降水量只有250毫米左右,科罗拉多河下游地区不足90毫米,是全美水资源较为紧缺的地区;东部年降水量为800~1 000毫米,是湿润与半湿润地区。FAO统计资料显示,2019年,美国可再生水资源总量为30 690亿立方米,人均可再生水资源量为9 326立方米,属于世界上水资源较为丰富的国家。

(二)美国流域生态系统管理法律制度体系

1. 流域生态系统管理法律制度的发展历史

由于淡水资源比较丰富,历史上美国将水资源视为一种像土地和森林一样的供人类开发、利用的财产。美国有关水资源的立法强调合理利用水资源,协调资源之间的规划,其管理体制也体现了综合开发利用的特

点,如1866年的《采矿法》、1970年的《土地利用和开发法》、1877年的《沙漠土地法》等都规定和承认水权,权利人并可以根据已有的采矿权、灌溉权和生产权分配用水量,当时的相关法律法规还没有体现水资源整体规划和管理的理念。

美国是联邦制国家,水资源属州所有,因此水资源管理基本以各州为主进行。历史上,美国政府将管理、分配、使用水资源的权力授予各州政府。然而,美国宪法又明确指出,当联邦法律和各州制定的法律相抵触时,后者应服从前者。在水资源使用领域,这种观念在1899年美国联邦政府诉大里约灌溉公司的判决中得到体现。该判决表明,在给商业和居民用地供水方面,各州批准用水的决定要服从于联邦政府的决定。

随着经济社会的发展,人们对于水资源的需求和竞争逐渐增加。美国水资源立法也进行了一些调整,除了对水资源实行行政许可管理,为了协调水资源的综合平衡利用,1965年美国国会通过了《水资源规划法案》,要求从流域整体利益出发,协调水土资源规划,优化国家自然资源,并成立了美国国家水资源理事会,后来又成立了各流域委员会,负责流域水资源以及相关土地资源的综合开发利用。美国国家水资源理事会制定了一套水资源和相关土地资源规划建议原则和标准。这些原则要求通过一个系统来展示水资源规划方案的利与弊,目的是在进行水资源开发评估的时候,必须研究其他方案对国家经济发展、环境质量、地区发展和社会因素等指标的影响。1969年,美国制定的《国家环境政策法》要求联邦机构在实施任何显著改变人类环境质量的联邦行动时,必须编写环境影响报告。根据《国家环境政策法》,与水有关的案件(如水坝和水库建设、疏浚和填埋、防洪、河流和港口工程、湿地污染和水污染等)必须提交法庭审理。1972年,美国出台《清洁水法案》,强调要用整体的方法保护流域生态系统。由此,美国的水资源管理由分散逐渐走向集中,由单一强调水资源利用转向流域的整体保护。

2. 现行流域生态系统管理法律与政策体系

从体系上讲,美国有关流域生态系统管理法律政策有联邦和州两套法律与政策体系,在通常情况下,联邦体系的效力高于州体系的效力。

(1)联邦体系。在联邦体系中,有关水资源的联邦法律与政策主要包括：一是联邦宪法中有关联邦和州之间管辖权划分的条款,以及最高法院所做出的涉及水资源管辖权划分的判例。二是美国国会制定的涉及水资源的法律,以及联邦法院做出的涉及这些法律的判例。如《国家环境政策法》《清洁水法案》《自然与风景河流法》《濒危物种法》等。三是联邦执行部门或者行政机构发布或者制定的水资源的行政规则和政策。

(2) 州体系。美国有关州的水资源管理制度体系主要包括：生态环境保护相关制度,如通过立法把保障河流环境需水量法制化;用水许可证制度,对整个流域的水流变化程度加以限制;水权制度;节水制度,制定节水目标,开展节水工作。当然,这些制度的适用性和实用性在州与州之间会有所不同。另外,州与州之间的管理行为以州立法和州际协议为准绳。

(3) 专门的流域立法。美国针对特定流域也制定了专门的流域立法:1933年,美国联邦议会制定了第一部流域法——《田纳西河流域管理局法案》(The Tennessee Valley Authority Act,简称《TVA法案》);1978年,美国国会出台了《科罗拉多流域项目法》;1934年,美国德克萨斯州议会制定了《下科罗拉多河管理法》。此外,美国还与一些流域内各州签署了协定,如1961年的《特拉华流域协定》等。

(4) 国际合作条约。美国与其周边国家在水资源保护领域的国际法律合作非常广泛,也比较成功。1909年,为解决与加拿大水域边界问题,美国与加拿大签署了《边界水域条约》,该条约框定了边界水域的范围、使用方法及保护措施。1972年,为控制五大湖水质污染,改善五大湖水质,美国和加拿大签署了《大湖区水质协定》。该协定设定了边界水域国的权利和义务,明确规定要恢复并维持五大湖流域生态系统的化学、物理和生物方面的完整性。

此外,美国与墨西哥还于1944年签订了《关于利用从德克萨斯奎德曼堡到墨西哥湾的科罗拉多河、提华纳河及格兰德河(布拉沃河)水域的条约》,于1973年签订了《关于永久彻底解决科罗拉多河含盐量的国际问题协定》。1983年,美国和墨西哥又签署了《拉巴斯协定》,该协定突破性地建立了两国对保护和改善环境进行合作的框架。

(三) 美国流域管理模式

美国目前并没有一个全国统一的流域生态系统管理法律制度,而是根据每个流域的具体情况适用不同的立法模式。美国有专门的流域法，如《田纳西流域管理局法案》《下科罗拉多河管理局法》等。尽管美国不同流域的法律模式不同，但其都遵循了流域生态系统管理的法律制度。下面我们来探究美国两个比较典型的、有影响力的流域管理的立法情况。

1. 统一立法的田纳西河流域

研究美国的流域生态系统管理法律制度，我们不能不关注在美国流域管理史上有重大影响的美国《田纳西河流域管理局法案》。

（1）立法背景。田纳西河流域降水丰富，加之地形起伏，水资源丰富；该地区还拥有丰富的煤炭、磷矿和锌矿等矿产资源。① 田纳西河流域开发较早，18世纪下半叶，该流域就有较为发达的农业，流域内盛产棉花、马铃薯和蔬菜，并有大面积牧场。当时河流两岸到处是茂盛的原始森林，水量也较平稳，是一个山清水秀、土壤肥沃的地区。但自19世纪后期以来，尤其是到了20世纪初，沿岸居民对流域资源进行不合理的开发利用，导致该流域水土流失、环境恶化，整个流域处于经济贫困状态。1929年，美国全国性的经济危机，加剧了该地区的贫困。1933年，田纳西河流域人均收入仅为168美元，只及美国全国平均数的45%，是当时美国最贫困的地区之一。1933年3月4日，罗斯福就任美国总统，决定对田纳西河流域进行综合开发和治理；同年4月，国会通过《田纳西河流域管理局法案》。经过多年的实践，田纳西河流域的开发和管理取得了辉煌的成就，从根本上改变了田纳西河流域落后的面貌。《田纳西河流域管理局法案》在田纳西河流域成功的管理中起着关键作用，也因此作为一个范例被其他国家效仿。

（2）立法宗旨。《田纳西河流域管理局法案》的立法宗旨是成立一个法人机构——田纳西河流域管理局来统筹开发、管理田纳西河流域。该法案授予田纳西河流域管理局全面规划、开发、利用该流域内各种资源的权力；确定田纳西河开发的目标，即改善田纳西河的航运条件、控制洪水危害；在河流的边缘地带恢复林业，合理使用土地；明确流域的农业、工业的发展条件等。田纳西流域管理局的职责大大超过了水资源管理本身，

---

① 陈晓景，董黎光.中国流域管理法律问题基础研究[M].郑州：河南人民出版社，2006：29.

其总的目标是要促进全流域在自然、经济和社会方面的有序发展。

(3) 主要内容。《田纳西河流域管理局法案》的主要内容包括：第一，田纳西流域管理局的职责，董事会人员组成、任免及年薪，下属机构的组建等。《田纳西河流域管理局法案》规定，田纳西流域管理局负责田纳西河流域防洪、发电、航运、灌溉、水利工程建设等综合开发和治理。田纳西流域管理局董事会成员由总统提名、国会任命，任期为5年；董事会可根据需要任命经理及其他组织机构成员。第二，田纳西流域管理局的权限。《田纳西河流域管理局法案》给予田纳西流域管理局高度的行政管理权力。田纳西流域管理局的权力包括：有权代表美利坚合众国征购或出售田纳西流域干支流沿岸土地；有权研究、示范、推广各种高效肥料；有权生产、经营电力；有权对该局拥有的国家财产进行转让或租赁；为保证建设资金的来源，有权发放债券，并由国家财政部无条件提供担保；有权将水库、大坝、水电站、航运设施等各项水利工程以合同形式承包给其他机构或私人进行建设；甚至有权根据全流域开发和管理宗旨修正或废除地方法规，并进行立法。第三，以法律形式协调田纳西流域管理局与其他机构和私人的关系。《田纳西河流域管理局法案》要求，国家任何行政部门或独立机构及其所属官员、职员和雇员应协助并提供建议，使田纳西流域管理局能有效、顺利地行使职权；反过来，田纳西流域管理局所属电厂或电力公司应优先对流域内各机构或私人供电，国家对田纳西流域管理局的财产、经营和收费免税，但田纳西流域管理局应以向州、县提供补偿和援助的方式作为替代。第四，管理体制。田纳西流域管理局的管理由具有政府权力的机构——田纳西流域管理局董事会和具有咨询性质的机构——地区资源管理理事会实施。董事会行使田纳西流域管理局的一切权力，成员由总统提名，经国会通过后任命，直接向总统和国会负责。目前，董事会下设一个由15名高级管理人员组成的执行委员会，该执行委员会的各成员分别主管某一方面的业务。田纳西流域管理局的内设机构由董事会自主设置，这些内设机构曾根据业务需要进行过多次调整。例如，前期根据自然资源综合开发的需要，田纳西流域管理局的内设机构设置有农业、工程建设、自然资源开发保护等方面的机构；后期根据发展电力的需要，又增设了电力建设和经营等方面的机构。建立地区资源管理理事会的目的是促进地方参与流域管理。该理事会可对田纳西流域管理局的流域自然资源管理提供咨询性意见。目前,该理事会约有20名成员,包括流域内7个州的州长指派的代表,田纳西流域管理局电力系统的代表,防洪、航运、游览和环境等受益方的代表,以及地方社区的代表等,理事会成员的构成体现了代表的广泛性。

2. 分散立法的密西西比河流域

密西西比河流域是美国最大的流域,包括六大支流流域,跨越美国31个州及加拿大2个省,流域面积占美国本土面积的近40%,流域地区人口总数占全美人口总数的近三分之一,因此其流域管理在美国具有非常重要的地位。

(1) 密西西比河流域管理的相关法律法规。没有制定专门的密西西比河流域管理的法律制度,但与其有关联的法律法规相当多,内容主要包括洪水防御、灾害保险、水资源规划、环境保护、自然资源管理、湿地保护等方面。① 早在1928年,美国陆军工程兵团就起草了《洪水控制法》,该项法律的颁布,为洪水防御工程的建设及洪水防御措施的实施提供了保障。1936年,美国国会通过了《全国洪水控制法案》后,又相继制定了《国家洪水保险法》《洪水灾害防御法》《灾害救济法》等。直接规范流域洪水管理的法律是1954年颁发的《流域保护与洪水防御法》,该法于1972年在原来基础上进行了修订。随着流域水污染问题的日益严重,美国在1948年颁布了《水污染控制法》;在1972年制定了《清洁水法案》,该法案于1977年再次修订。《清洁水法案》确立了污染物向水体控制排放的基本框架,并赋予美国环境保护署行使污染排放计划的执法权,如制定工业废水的排放标准。1987年,《清洁水法案》又设立了"清洁水的州周转资金",这种资助方式使得国家环境保护署与各州之间建立了合作伙伴关系。与密西西比河流域管理有关的其他国家法案还有《水资源规划法规》《原始河流及风景河流法》《北美湿地保护法》《固体垃圾处理法》《国家环境政策法》《资源恢复法》《濒危物种法》《安全饮用水法》《资源保护与修复法》《岸

---

① 陈晓景,董黎光.中国流域管理法律问题基础研究[M].郑州:河南人民出版社,2006:29.

带保护法》《外来水生生物损害的预防及控制法》等。

（2）密西西比河流域的管理部门。涉及密西西比河流域的管理部门比较多，主要包括四类组织。一是美国陆军工程兵团。该兵团下设密西西比河流域管理部门，负责密西西比河流域的航运、洪水风险管理、发电、环境、水资源开发许可、工程建设等；该兵团与各州和联邦其他部门合作，开展研究并评价流域活动对物种的影响。[1] 二是美国联邦政府机构，如美国环境保护署、内务部下属的地质调查局和鱼类及野生生物局、农业部等。三是密西西比河流委员会。该委员会根据国会立法于1879年成立，由3名美国陆军工程兵团的官员、1名国家海洋和大气管理机构的官员以及3名普通公民（其中2名必须是土木工程师）组成。每一位委员会成员都是由总统提名，参议院确认。该委员会的职责范围非常广泛，包括对密西西比河的防洪防涝、航道运输以及对保护环境相关产业项目工作提出明确建议；研究和报告对河流作业进行修改的必要性，并且为了应对环境变化，及时调整政策，在密西西比河岸多地进行半年一次的检查与公开听证。四是流域协调机构。例如，密西西比河州际间资源合作协会是为加强流域内州与州之间的环境资源保护、开发和管理，由流域内28个州于1991年联合成立的。又如，密西西比河流域联盟（The Mississippi River Basin Alliance，MRBA）是一个由150个基层机构组成的联合会，基层机构的分布从密西西比河源头一直到墨西哥湾，其宗旨是把流域内居民带进拯救密西西比河流域的活动之中。其职责是保护和恢复流域的生态、经济、文化、历史及娱乐资源，消除种族、阶层及经济地位的障碍。密西西比河流域联盟认为，密西西比河流域是一个庞大的生态系统，局部及区域的环境问题均会对整个流域系统造成影响。因此，密西西比河流域联盟动员一切力量参与水质及环境健康问题的解决，倡导环境司法，从整体上保护河流系统的生态完整性。[2]

为了使这些涉及密西西比河流域的机构相互协作，共同实现对密西西比河流域的管理，美国环境保护署于1997年成立了密西西比河流域系

---

[1] 吕忠梅.长江流域立法研究[M].北京：法律出版社，2021：45.
[2] 周金城，胡辉敏，黎振强.密西西比河流域水质协同治理及对长江流域治理的启示[J].武陵学刊，2021，46(01)：52-58.

统工作组(Mississippi River Basin System Team，MRBST)，该工作组是在著名的《圣路易斯条约》签订后成立的。该条约由美国环境保护署在密西西比河流域的6个区域主管、墨西哥湾计划的主管及美国环境保护署水办公室总部的主管共同签署。由于认识到密西西比河是国家历史、文化及环境的重要组成部分，该条约采用系统的方法对密西西比河流域进行最高水平的管理。密西西比河流域系统工作组通过对流域生态环境和水质进行监测和控制，使河流网络及多种多样的自然资源得以整体管理，并使美国环境保护署与其他联邦机构、州及部落、地方社区以及居住在流域内的人们达到空前的合作与协调。

（四）美国流域生态系统管理法律制度对我国的启示

考察美国流域生态系统管理法律制度，我们认为，下列两个方面的经验值得我们借鉴。

一是强有力的管理机构。从对美国流域生态系统管理法律制度的分析中可以看出，无论是田纳西河流域管理局行政集权式的流域管理机构，还是密西西比河委员会性质的流域管理机构，流域管理的成功都需要一个权威的流域管理组织对流域进行统一规划与统一调度。因此，美国在法律中强调流域管理机构在流域整体管理中的地位，并运用法律和法规将流域管理机构的权利、责任、义务和机构体系等重要方面确定下来；同时，赋予流域管理机构跨部门与跨区域综合管理的职能，力图建立一种能够对流域环境资源进行全面分析和全局性分配的管理模式。而且，美国流域生态系统管理法律制度也注重流域管理机构与国家职能部门和地方政府的监督、协调相结合，注重部门间及区域间的合作与协调。例如，密西西比河流域管理机构与各部门及各区域的合作就是典型范例，这种合作与协调的模式甚至成为密西西比河流域管理成功的法宝。

二是联邦和州合作管理流域生态系统。美国是联邦制国家，水资源管理基本以州为主进行，涉及州与州之间的水资源问题主要靠签订协议来处理。州政府下面一般分设若干个水务局，对供水、排水、污水处理等涉水事务统筹考虑，统一管理。但是，在水生生态环境的保护方面，联邦和州都专门立法规范，而且州水质标准与联邦水质标准保持一致。

同时，为了鼓励州保护水生态环境，联邦对州提供很多财政资助，联邦资助是州用于水污染治理方面非常重要的资金来源。除此之外,州政府在水污染治理中的很多活动都要受到联邦环保署的制约。在州优先或者地区优先的观念下,国会允许各州制定和实施切实可行的政策,但是如果州政府没能完成任务,环保署有权废除州或者地区享有的优先权并采取必要的措施。例如,如果州政府不对水污染行为采取适当的行动,环保署就可以采取强制措施,对违法者进行民事或者刑事制裁。州内有些水环境保护项目要经环保署的批准,州在执行经由环保署批准的项目过程中,必须每两年向环保署提交报告来讲述其所取得的成就。另外,有关水生生态系统的恢复和建立也通过美国联邦政府和各州一起合作来进行。美国在这方面已经取得了一些成果,如埃文格勒湿地和圣佛朗西斯科三角洲是世界上最大的两个淡水生态系统,其生态系统的恢复工作是美国政府和相关各州通力合作的结果。我国流域大都跨越许多行政区域,在水生态环境保护中可借鉴美国联邦政府与州的经验,处理好中央和地方的关系,充分发挥中央和地方各自的优势来保护水生态环境。

二、墨西哥流域生态系统管理法律制度

墨西哥位于北美洲南部,北邻美国,南接危地马拉和伯利兹,东临墨西哥湾和加勒比海,西南濒太平洋。其海岸线长 11 122 千米。有 300 万平方千米的专属经济区和 35.8 万平方千米的大陆架,著名的特万特佩克地峡将北美洲和中美洲连成一片。

(一)墨西哥流域及水资源概况

墨西哥气候复杂多样,高原地区终年温和,西北内陆为大陆性气候,沿海和东南部平原属热带气候。墨西哥分旱(10 月至次年 4 月)、雨(5 月至 9 月)两季,雨季集中了全年 75% 的降水量,降雨量的变化极大地影响了水资源的丰枯。

墨西哥水资源相对丰富,主要河流有布拉沃河、巴尔萨斯河和亚基河,但水资源时空分布与用水需求不一致。东南部地区占全国水量的 72%,该地区人口为全国总人口的 23%,国民经济总量占全国总量的 16%。

FAO 统计资料显示,2019 年,墨西哥可再生水资源总量为 4 618.9 亿立方米,年人均淡水资源总量为 3 620 立方米。综合考量,墨西哥是一个水

资源量中等富足的国家。

(二)墨西哥流域生态系统管理法律制度体系

1. 流域生态系统管理法律与政策的历史发展

墨西哥的水政策起源于1917年的宪法基本宣言:水是国家所拥有的财产,只有得到有关联邦权力机构的授权才能使用。1926年,墨西哥成立国家灌溉委员会,很多水资源管理开发项目集中于这个部门。1946年,墨西哥将水管理纳入国家水资源部统一管理。1972年,墨西哥制定了第一部《联邦水法》。1975年,墨西哥实施第一个国家水资源计划。1992年墨西哥颁布《国家水法》,《国家水法》提出,实现可持续发展是其主要目标,明确国家水资源委员会是负责对水资源质和量两方面管理的唯一的联邦权力机构。《国家水法》规定,成立各大江河流域委员会,协调联邦政府、州政府、市政府、用水户及其他利益团体以共同承担规划项目和管理国家水资源的责任。2004年4月,墨西哥对1992年的《国家水法》又进行了大刀阔斧的修改。修改后的2004年《国家水法》重视综合水资源管理,为流域地区和蓄水地区的可持续发展提供了法律保障。

2. 现行流域生态系统管理法律制度体系

(1)《宪法》。1917年的墨西哥《宪法》规定了与水资源管理有关的内容:国家必须保证社会活动和经济活动不能危害自然;除了特别情况或授权,国家作为领土内水的拥有者必须将水作为公共资源;所有墨西哥公民都有义务为公共资源支出承担责任;在州政府指导下,市级政府有责任管理所在地水资源分配系统。

(2)国会制定的有关法律。一是《生态平衡和环境保护基本法》。该法是墨西哥关于环境保护的总规范,包括环境保护、自然资源保护和环境影响评价等。《生态平衡和环境保护基本法》要求,污染物不能排放到公共水源中,不能大于所允许的排放量,固定污染源必须获得排放许可。二是《国家水法》。墨西哥现行《国家水法》的主要目标是保证水资源可持续完整地开发,反映了现代世界水资源开发的趋势,主要内容包括:认识水的商品属性,水是一种公共产品,必须持有政府颁发的许可证方能用水,并为用水权和废水排放付费;把流域作为水规划与管理的基本单位;水量与水质、地表水与地下水的统一管理;引入市场机制;重点强调水污染的控制和高效用水。

(3) 联邦政府制定的有关法规和政策。执行水政策的关键是通过税收来收回水利服务的成本。1992年之后,在《国家水法》和《联邦税法》的基础上,墨西哥政府又制定了《联邦水资源税法》。该法确定了由国家提供公共资源的税收制度;除了制定水使用和排放税收标准,还制定了单位水量的价格。通过"谁污染谁付费"原则,《联邦水资源税法》补充了《国家水法》中关于经济手段的定义。这意味着,取水水价标准由用水途径和缺水程度来决定,污水排放水价由污染源地点和相关水体的脆弱程度及使用方法来决定。

其他有关的法规还有《联邦公共工程法》、总统令等。总统令的颁布体现了最高级别的政策支持,它们可以强制执法,并且惩罚那些违法的用水者。例如,1989年2月,墨西哥政府开始执行新政策的第一步,就是由总统以总统令的方式宣布,国家水资源委员会作为一个自治机构,隶属于国家农业和水资源部。

(4) 国际条约。为了协调与邻国的水问题,墨西哥签订了一些多边或双边国际条约。例如,1944年的《关于利用从德克萨斯奎德曼堡到墨西哥湾的科罗拉多河、提华纳河及格兰德河(布拉沃河)水域的条约》、1973年的《关于永久彻底解决科罗拉多河含盐量的国际问题的协定》、1983年的《拉巴斯协定》涉及边界水域的两个附件(附件一旨在解决提华纳—圣地亚哥边界地区的环境卫生问题,附件二旨在解决危险物倾倒造成的环境污染问题)、2006年的《跨界地下水影响条约》等。

(5) 州法。为了补充完善水法,墨西哥已有一半的州级立法机构根据国家水资源委员会的建议,通过了分权管理模式的新法律,根据各州的具体情况制定相应的水法规。

(三) 墨西哥流域管理制度结构
1. 重视以流域为单元的水资源一体化管理

墨西哥的河流短且数量多,从中部群山流入东部的大西洋和西部的太平洋,这些河流被划分成13个流域。1992年的《国家水法》将实行以流域为单元的水资源一体化管理作为国家水事政策的基本原则,并将水资源一体化管理定义为:促进水资源、土地、相关资源和环境的协调开发和管理的一种程序,旨在使社会和财富的最大化公平,同时又不危害重要生态系统的可持续性。同时,该法提出,考虑水与大气、土壤、动物、植物、其他资源、生物多样性以及涉及水的重要生态系统之间的关系,以流域为单元的一体化水资源管理应当基于水资源的多用途和可持续利用进行。

2. 重视水资源规划制度

1992年的《国家水法》规定,为了实施水资源一体化管理、保护自然资源及重要生态系统和环境,政府必须重视水资源的规划。而且该法还规定,水资源规划应当在考虑水使用的同时,考虑生态环境保护、自然水资源的更新,考虑集水区域和重要生态系统的可持续性,并应当基于可行性有节制地开采地下水。

3. 确立水资源保护区制度

1992年的《国家水法》规定了保护区、管制区、保留区和禁止区四种水资源保护区域,其中管制区、保留区和禁止区直接同主要的生态系统的保护相关。该法第十三条规定,国家水资源委员会通过咨询相关集水区域委员会管辖范围内的用水户和社会团体的意见,解决有关影响水资源管制区、保留区和禁止区的问题。该法第五篇专门就水资源监管区和禁止区做了详细规定。其中,第四十条规定,有关禁止区的法令必须说明禁止区的位置和边界,受影响的生态系统或者水生生态系统的状况,对水生生态系统、可用水量及其空间分布以及抽取量、补充量和径流量的损害结果进行分析。该法第四十一条规定,为了达到下列目的,联邦行政部门可以命令的形式,宣告或者终止全部或者部分水资源保护区作为保留区:①用于家庭用水和城市公共用水。②服务于公共服务的发电,以及用于环境保护(包括重要生态系统的保育或者恢复)用水的目的。

4. 强化政府的水资源管理职责

为了确保重要水生生态系统的健康运行,墨西哥法律强化了政府部门的水资源管理职责。在抽象行政行为方面,为了保留对国家水资源流量有影响的湿地,国家水资源委员会应当自己或者通过流域机构,对墨西哥国家标准提出建议,以保留、保护和在适当的情形下恢复湿地、水生生态系统和水资源;采取必要的措施重置或恢复湿地,促进建立一种自然资源或者湿地保护的边界,从而保护生态系统。水事主管机构应根据法律的规定,采取措施,修复对生态系统的损害。

在具体行政行为方面,法律规定当存在对人类或者生态系统产生危害的风险的情形下,负有责任的水事机构根据有关主管部门的请求,可以采取必要行动,防止风险的发生。国家水资源委员会应当制定规则或者实施必要措施,防止对河流水文状况产生不利影响,或危害人类生命和财产安全或者重要生态系统的工程建设。在修建工程导致或者可能导致对其他人或者重要生态系统危害的情形下,水事主管部门可以命令停止,或者要求纠正上述工程。

5. 注重水资源保护知识宣传和公众参与

墨西哥水资源政策与法律注重保护重要水生生态系统等有关知识的宣传和公众参与。1992年的《国家水法》第八十四条要求,水事主管部门的秘书处、国家水资源委员会和流域机构应当根据法律规定的条款,在儿童和大众节目中宣传合理用水、保护水资源、保护生态系统和保护环境的文化。该法第五条规定:①联邦行政部门应当在不影响各自水事领域权力和其他权力的情况下,促进同各州和城市行动的协调。以流域为基础的水资源管理的规划、实施和行政管理,应当通过流域或者集水区域委员会进行。流域或者集水区域委员会将协调政府,调动社会有关涉水的用水户、个人和机构参加水资源管理活动。②鼓励用水户和个人参加水利工程、服务和行政管理活动。同时,该法第八十五条还规定,包括各级政府在内的一切自然人和法人,都有义务采取必要的措施,预防污染,改善水资源状况,促进水资源的开采和利用,维护生态系统的平衡。

6. 建立水权市场交易制度

水权市场交易制度作为一项有用、经济而又有效的调节水分配的制度越来越受到关注。一般而言,从经济角度讲,水权的可交易性(包括取水许可权和排污许可权)可促进更有效地分配水资源。墨西哥于2004年修订的《国家水法》使水交易合法化。该法一是建立了以容量为依据、与土地分离的水使用权,成立了国家水资源委员会,负责实施新水法;二是建立了一种新的水权市场交易机制,该机制基本上允许在灌溉行政区域内或水用户协会管辖区内自由运作,改善水的使用效率,这种水权市场交易机制在水资源规划和分配中起到了较大作用。在实践中,墨西哥国家水资源委员会把水分配给用水户并给予相应的许可证,同时将大型灌溉工程交给用水户管理。

根据墨西哥的法律,水权可以提供给个人或群体,但一般优先提供给群体组织,然后群体组织再将所具有的水权赋予其内部成员。因此,将灌溉区的管理权责转让给新组建的用水者协会,是墨西哥建立水权的基础。用水者协会在得到特许权以后,实际上就拥有了用水的权利。凡是在灌溉子系统内部转让用水权,或在各灌溉子系统之间转让用水权或向灌区范围以外的第三方出让用水权,都要遵循缴纳保证金的原则。因为墨西哥的法律规定,凡欲使用国家水资源的用户,都得为其取得的用水权支付一定的费用。墨西哥《国家水法》规定,国家水资源委员会必须对灌区管理权的转让进行监督,确保内部制度的建立和完善,国家水资源委员会应调整水费并确保全部成本的回收,并对用水户提供技术上的帮助。

然而,如果水权转让影响第三方权利、环境或者不符合水资源制度,这种转让就必须要得到行政授权。如果符合水资源制度又没有这样的影响,水权的转让可以在公共水权登记处注册完成。因此,水权转让形式是由各地区根据国家水资源委员会的政策,结合各地不同的要求而制定的。

7. 墨西哥流域管理体制

为了实施国家水资源发展规划,墨西哥国家水资源委员会对流域水资源进行综合管理。在管理中,其需要综合考虑的问题主要有:水资源综合利用,地表水与地下水的相互作用,水质与可获得的水量,流域内水与其他资源的相互关系,自然资源与社会和经济发展的关系等。

为了协调一些流域将要开展的行动,墨西哥的所有河流被划分成13个流域单元,按照水文边界建立各个流域管理委员会。基于流域单元建立的流域管理委员会是墨西哥最早的半自主性质的综合执行机构。其职责主要有:①协调联邦政府、州政府及市政府、用水户和其他利益团体共同分担国家水资源发展规划和管理国家水资源的责任。②审批各区域的水资源规划。③召开专门会议协调规划执行和承担财务方面的具体职责。

(四)墨西哥流域生态系统管理法律制度对我国的启示

考察墨西哥有关流域管理的法律制度,我们认为,下列几个方面的经验值得我国借鉴。

1. 重视流域管理机构建设

墨西哥从20世纪40年代开始就有流域水资源管理方面的机构设置,主要目的是促进以水资源为基础的社会经济发展;20世纪90年代,健全和完善了流域管理机构,加强流域水资源管理。2004年的《国家水法》专门强调流域生态系统管理的重要性,并设立流域管理委员会以促进流域生态系统整体健康发展。我国虽然在较大流域设立了水利委员会进行流域管理,但目前的流域管理机构仍然是水利部的派出机构,不能有效保障流域整体生态系统的健康运行。

2. 确立水权市场交易制度

合理的水资源政策是必须公平地实施水权,保护所有参与者的利益,同时保证足够低的交易成本,确保水权交易市场有效运行。水权市场交易制度的建立是为了提高各部门的用水效率,在水资源管理中保护和实现自然资源的持续利用,减少财政负担,贯彻国家的水资源政策,增强市场在水资源分配中的作用。墨西哥的经验表明:水权市场交易制度必须按步骤、按计划实施;水权应成为调节水资源使用的手段,并得到政策的支持。我国在水权市场交易制度构建方面需要进一步完善。

3. 建立流域生态信息系统

墨西哥充分认识到信息对流域生态系统管理的重要性。设在墨西哥里奥格兰德的国际边界与水委员会确定了墨西哥与美国之间的大部分水边界,它在水共享及洪水或干旱控制方面取得成功的主要原因就在于共同收集及共享数据信息。我国流域大多是跨行政区域的,流域管理也必须重视流域生态信息系统,以便充分了解上下游、左右岸的环境信息状况,从而及时、有效地维护流域生态系统安全。

第三节 罗马尼亚和印度流域生态系统管理法律制度

一、罗马尼亚流域生态系统管理法律制度

罗马尼亚位于东南欧巴尔干半岛东北部,南接保加利亚,西南和西北

分别与塞尔维亚和匈牙利相邻,北和东北分别与乌克兰和摩尔多瓦接壤,东南濒临黑海,陆地面积为23.75万平方千米,海岸线长245千米。

（一）罗马尼亚流域及水资源概况

罗马尼亚为大陆性温带阔叶林气候,夏季暖热,冬季寒冷,年平均气温为10℃左右。罗马尼亚降水分布不均,平原地区年降水量为350～600毫米,丘陵区年降水量为600～800毫米,山区年降水量为800～1 400毫米,降水总量为1 540亿立方米,年蒸发量为1 096亿立方米。

罗马尼亚有大小河流十几条,较大的河流主要有多瑙河、蒂萨河、穆列什河、奥尔特河、锡雷特河、普鲁特河。其中,多瑙河是罗马尼亚境内第一大河。

FAO的统计资料显示,罗马尼亚2019年可再生水资源总量为2 120亿立方米,但由于其人口不足2 000万人,人均水资源量达10 948立方米。综合考量,罗马尼亚是个降水分布不均、水资源分布不均衡的国家。

（二）罗马尼亚流域生态系统管理法律制度体系

1. 流域生态系统管理法律制度的历史发展

罗马尼亚实行流域管理措施由来已久,早在1959年,罗马尼亚就制定了流域管理规划,并在国内大小流域和多瑙河三角洲实施。流域管理规划是在对全国流域水文、气候、地理、城市发展、饮用水和工业用水、土地开垦、航运和渔业发展进行调研的基础上制定的。自1989年开始,罗马尼亚把加入欧盟作为其奋斗目标。为了加入欧盟,与欧盟有关水资源法律制度的协调成为罗马尼亚制定水资源法律制度的重要方向。1996年9月25日,罗马尼亚制定了新的水法,即1996年《水法》。该法无论在其基本原则还是在其技术性条款方面都力求符合欧盟的要求,确定了罗马尼亚水资源开发与管理的总体目标,强调水生生态系统保护以及实施流域管理模式。该法规定,统一、科学、综合的水管理行为应该在流域层面上组织和实施,因为流域是水资源管理中一个不可分割的地理单元。为了保证可持续发展,水管理必须把地表水和地下水作为一个整体统一考虑,而且要从数量和质量相统一的角度进行考虑。罗马尼亚法律不仅明确规定水管理的框架安排应该基于流域和流域群体,而且规定由水、森林和环境保护部负责协调实施。至此,罗马尼亚流域管理和规划得到进一步完善和发展,这成为罗马尼亚水管理的一个亮点。

2. 现行流域生态系统管理法律制度体系

(1) 欧盟水管理制度。2000年出台的《欧盟水框架指令》是欧盟在水事政策和立法上的重大进展,其总体目标是在流域内为所有的水体建立综合的监测和管理系统,实行动态管理措施,制订流域管理计划。《欧盟水框架指令》为欧盟成员国建立流域综合管理提供了指导。它提出了流域综合管理的基本方法、目标、原则和措施,管理范围涉及地表水、地下水、海岸水和河口水。它的基本目标是维持水体的良好状态。该指令要求各成员国互相配合,实现指令提出的目标。

(2) 罗马尼亚2003年《宪法》。罗马尼亚2003年《宪法》第三十四条规定,公民健康权应该得到保障;国家应该采取措施确保公共卫生安全和公民健康。该法第三十六条规定,国家承认每个人拥有健康的、生态平衡的环境权;国家应该提供实施这种权利的法律框架;自然人和法人有义务保护和改善环境。

(3) 议会制定的法律。议会制定的法律主要有1995年的《环境保护法》和1996年的《水法》。1996年的《水法》是罗马尼亚流域水资源开发与管理的基本法,由七章和两个附录组成。该法确定了罗马尼亚流域水资源开发与管理的总体目标为:节约水资源,防止水污染,恢复地表水和地下水水质,保护水生态系统,保证饮用水的供应,防洪,保障农业、工业、发电、航运、养殖、旅游以及人类活动对水的需求。该法第二章是对用水和防止水污染的规定:罗马尼亚实行用水许可制度,地表水和地下水的使用以及排污都需要获得许可证;生活用水具有最高的优先等级。该法第三章涉及水资源和水工程的管理,规定如下:水资源管理应根据管理框架进行;每一个流域都要建立流域管理委员会;水工程必须先取得水管理许可才能开工建设。该法还规定,建立用水付费、奖励和处罚机制以促进水资源的合理利用;所有用水者都必须支付取水费,取水费由罗马尼亚国家水公司收取。在管理体制方面,该法规定了实施水管理的主要部门是水与环境部、罗马尼亚国家水公司及其下属的流域管理机构。

罗马尼亚1995年的《环境保护法》包括六个部分和两个附录。其第三部分第一节规定,通过制定有关水和水生态系统保护的技术标准、颁发许可证、排放标准、水质标准、限制排放等措施来实施水和水生态系统的保护。

（4）政府制定的相关条例。如1999年的《灌溉用水协会条例》，涉及用水协会的建立和运行，协会与其成员之间的法律关系等方面。

（5）国际条约。罗马尼亚是一个国际河流众多的国家，与其他国家签署了许多国际协议，主要包括《多瑙河保护和可持续利用合作公约》《多瑙河航运制度公约》等。

（三）罗马尼亚流域管理法律制度结构

1. 强调对水生态系统的保护

罗马尼亚环境保护法律法规强调保护公共利益。如1995年罗马尼亚《环境保护法》第一条规定，该法的目的是在坚持社会可持续发展战略的基础上制定环境保护法律制度，保护公共利益。同样，罗马尼亚流域管理的法律制度结构也有对流域生态系统保护的规定。例如，地表水、地下水和水生态系统的保护旨在维护和提高生产力，避免对环境、人类健康的消极影响。该法规定，防止水资源的污染；恢复地表和地下水质量；保护水生态系统；确保人类饮用水的供应；防止和控制洪水；确保农业、工业、发电、交通、水文化、旅游、娱乐和海上运动，以及其他人类活动对水的需求。

从以上规定可以看出，罗马尼亚1996年的《水法》在考虑人类使用水资源的同时，也注重保护水生态系统，1996年的《水法》强调流域生态环境权利的保护。

罗马尼亚1996年的《水法》还在第二章第十条规定了保持水生态系统平衡需要的优先用水权。该规定指出，人类对水的需求应该优先于其他目的的用水；除了消防用水，动物对水的需求，恢复水储量的需求，以及保持水生态系统平衡对水的需求，比其他目的的用水需求具有优先权。可见，在用水配置顺序上，流域生态环境用水处于优先的地位。

罗马尼亚1996年的《水法》还规定了采取行政干预措施切实保护水生态系统。其第五十六条规定了水管理许可证的发证部门可以修正和废除水管理许可证并且不予补偿的情形：为了公共卫生利益，尤其为了避免社区人身和财产遭受的重大损害；为了预防和控制洪水影响，或者为了避免公共安全遭受危险;为了避免水生态环境遇到的危险。

在水污染防治方面,罗马尼亚 1996 年的《水法》第二十七条规定,在水表面、河床或保护区的任何行为,例如,航行、筏运、漂流、矿产开发、收割芦苇以及钓鱼等都应该确保不对河岸及河床产生不利影响、不会导致水质的恶化。任何危害水生态系统的行为都将被水管理部门所禁止。

2. 以立法确立整体性的流域管理模式

强调整体性的环境管理是罗马尼亚环境保护的一大特点。例如,罗马尼亚 1995 年的《环境保护法》第三条规定:确保可持续发展战略包括以下方面:预防生态风险和危害发生;保护生物多样性和生态系统自然物种结构;确立一体化的国家环境监测系统;提高环境质量,重构受损区域。在整体性理念的指导下,罗马尼亚 1996 年的《水法》也实行生态系统整体性的流域管理模式。该法第六条第一款规定,统一的、理性的、综合的水管理行为应该在流域层面上组织和实施,因为流域是水资源管理中一个不可分割的地理单元。为了实现可持续发展,水管理必须把地表水和地下水作为一个整体统一考虑,而且要从数量和质量相统一的角度进行考虑。为此,该法第四十三条第一款进一步规定,为了制定一个可持续的、统一的、平衡和综合的水管理的基本大纲,水管理的框架安排应该基于流域和流域群体,在水、森林和环境保护部的协调下实施,组织安排水管理结构,其目的是实现水质水量达标的要求,防止洪水发生和对水破坏性的行为。

罗马尼亚 1996 年的《水法》还规定了实施流域生态系统管理的保障机制。例如,该法要求,水管理应该建立在人类团结和公共利益的基础之上,通过公共管理,水用户、社区和居民代表紧密协作,从而实现社会利益的最大化。

3. 强调水的公共属性

罗马尼亚 1996 年的《水法》第一条规定,水是公共财物不可分割的一部分,水资源的保护、再评价和可持续发展是整体利益行为;水使用的权利,以及相应的水资源保护的义务应根据本法条款实施;无论管理水的是自然人还是法人,都要遵守本法和罗马尼亚参与的国际公约的规定。该法第九条进一步规定,使用地表水和地下水,包括使用自流井的权利和排污权,要经水管理部门许可并根据法律规定实施。

从上可知,在水资源权利制度安排方面,首先,罗马尼亚将水规定为公共财物,国家享有初始配置权。其次,自然人或者法人可以依法取得水的使用权。许可证既是配置水使用权利的主要手段,也是水使用权利的重要根据之一。同时,罗马尼亚倡导水人权[①],对水的使用规定要求除了满足家庭用水、公共用水及国民经济各个部门的用水应持有用水主管部门颁发的许可证,并遵守有关规定方可用水;使用深层地下水,应根据查明的储量,并持有许可证方能使用。任何自然人,在其行为能力范围内可以自由地在限制区域以外的海水游泳。

该《水法》第七十七条规定,除了干旱、洪水或其他特别情况,罗马尼亚水利、森林和环境保护部为了保护地表水和地下水以及确保水供应所采取的措施,如果影响水用户、河岸居民或者公众的利益,这些措施应该与利益相关人协商后方能实施。同时,为了达到满意的协商效果,协商之前,该法要求水利、森林、环境保护部和国家水公司或流域分支机构在地方报纸上发布拟采取的措施的通知,并把该通知送达给水用户、河岸居民以及可能影响的任何人。而且,1996 年的《水法》还要求水利、森林和环境保护部和国家水公司在做出最后决定前审查相关利益人所有的意见和建议,并把最后的决定和解释公之于众。

尽管强调水的公共属性,罗马尼亚仍通过权利激励的方式调动公民保护水生态环境的积极性。如该《水法》第八十条规定,作为自然资源的水资源具有经济价值,对水的保护、再利用和节约用水应当通过经济手段进行鼓励,并对那些浪费和污染水资源的人采取惩罚措施。

4. 罗马尼亚流域管理体制

该《水法》第四十三条规定,水管理的制度安排及发展规划应按照水利、森林和环境保护部的规定实施。

目前,罗马尼亚有关流域管理的机构主要有水利、森林和环境保护部,农业与食品部,国家水公司,以及地方环境保护监察局。

(1) 水利、森林和环境保护部负责制定国家水资源管理与保护的战略

---

① 胡德胜. Water Rights: An International and Comparative Study [M]. London. IWA Publishing, 2006: 182-186.

和政策。其主要职责包括：水战略规划、国家水管理和开发计划；立法和政策；分配和管理国家用于水资源管理与基础设施开发的预算资金；制定标准，并且按标准进行控制和监测；利用许可制度进行水资源管理；国际合作和跨界水的合作。

（2）农业与食品部负责灌溉管理。国家土地开垦协会负责灌溉工程、排水工程、侵蚀控制工程、沿多瑙河的防洪水坝和堤防的建设与管理。

（3）国家水公司是国有公司，负责国家水管理战略的实施。其主要职责包括：负责管理和维护地表水、湖泊和地下水；促进水资源的合理配置、使用和保护；防止水质污染；防洪和抗旱；监测水环境的质量和数量；向流域分配预算资金。它通过建立在流域的分支机构和地方办公室实施其管理职责，管理经费通过收取水费弥补。国家水公司根据每一流域分支设置不同的流域管理委员会，每个流域管理委员会由 15 个成员组成，这些成员分别来自水利、森林和环境保护部、卫生健康部、国家水公司、流域内地方负责人代表、非政府组织代表、地方公共管理组织代表、水用户代表以及水用户组织代表。流域管理委员会在适用国家水管理战略和政策中应与国家水公司相一致。流域管理委员会的组织和职能程序规则由水利、森林和环境保护部提出，由政府批准。

（4）地方环境保护监察局负责颁发环境许可证以及检查和控制水质及污水排放。制定地方水管理制度，确定水资源、水生态系统和湿地的水量和水质保护，以及不同区域所有类型的水资源的可持续使用和保护的总体目标。

罗马尼亚涉及水管理的部门还有卫生与家庭部（负责监测饮用水质），交通部（负责管理航运及与航运有关的活动）。

（四）罗马尼亚流域生态系统管理法律制度对我国的启示

考察罗马尼亚有关流域管理的法律制度，我们认为，以下几个方面的经验值得我国借鉴。

1. 以立法确立水生态系统保护的优先地位

罗马尼亚与欧盟在法律制度方面趋同，以立法明确规定生态环境用水权，并赋予生态环境用水权以满足水人权、消防用水权之后的第三优先地位，强调水生态系统的优先保护。罗马尼亚法律制度注重以流域为单元来管理水,注重流域水资源的统一管理。我国现行法律虽然也规定了生态环境用水,但并没有确立生态环境用水的优先地位。如我国现行《水法》第四条规定:"开发、利用、节约、保护水资源和防治水害,应当全面规划、统筹兼顾、标本兼治、综合利用、讲求效益,发挥水资源的多种功能,协调好生活、生产经营和生态环境用水。"这种协调用水的立法理念在实际生活中导致大多数地区将有限的水资源优先分配给能产生更多经济效益的工业或者农业,而没有兼顾到生态环境的用水需求①。我国相关法律法规应摒弃协调用水理念,确立生态环境用水在我国水权制度建设中的优先地位,②唯此才能达到保护流域生态环境的目的。

2. 明确流域管理地位及机构

罗马尼亚《水法》规定,统一的、理性的、综合的水管理行为应该在流域层面上组织和实施,因为流域是水资源管理中一个不可分割的地理单元。为了保证可持续发展,水管理必须把地表水和地下水作为一个整体统一考虑,而且要从数量和质量相统一的角度进行考虑。罗马尼亚法律不仅明确规定水管理的制度安排应该基于流域和流域群体,而且规定由水利、森林和环境保护部具体协调实施。我国现行法律虽然确立了流域管理机构,规定实行流域管理与区域管理相结合的模式,但流域内各资源分属不同的部门管理,甚至水质和水量也不统一管理,所以并没有真正实施流域管理,达到维护流域整体生态系统的效果。我国流域管理相关法律法规必须尽快明确流域管理的范围,并确定权威的流域管理机构来统一协调管理流域内的各环境资源要素。

3. 激励机制和行政措施并用

一般而言,法律对行为的控制表现为权利和义务两种规范,与此相应的就有激励和限制两种机制。激励是一种来自内部动力的利益机制,限制是一种外在的强迫被动机制。水是生命之源,及时获得足量、清洁的生活用水是每个人维护生命健康的基本条件,也是人的生存权利,法律应该保护这一权利。然而,水又具有公共属性,人类开发利用水资源时必须兼

---

① 姚傑宝,董增川,田凯. 流域水权制度研究[M]. 郑州:黄河水利出版社,2008:74.
② 魏钰邦,刘玥辉. 生态环境用水在水权制度建设中的地位与作用[J]. 理论界,2009(10):68-69.

顾人类整体利益,保障流域生态环境的用水需求。法律要合理协调水的私人属性与公共属性之间的利益关系,平衡它们的利益需求。

为了保障水生态环境,罗马尼亚的《水法》专门列举了对公共安全、水生态环境存在危险的一些情形,并规定了在这些情形下水管理许可证可以由发证部门修正和废除,并不予补偿。这些紧急行政措施是罗马尼亚流域生态系统保护的根本保障。同时,罗马尼亚也强调运用激励机制来保护水资源。这些机制理念先进,措施得力,成为罗马尼亚保护流域生态环境的重要措施。

二、印度流域生态系统管理法律制度

印度位于亚洲南部,是南亚次大陆最大的国家。其陆地边界长约 15 200 千米,从西往北向东依次同巴基斯坦、中国、尼泊尔、不丹和孟加拉国接壤。其海岸线总长约 7 516 千米,南濒印度洋,并与斯里兰卡隔水相望,西连阿拉伯海,东临孟加拉湾。其国土面积约 298 万平方千米,居世界第七位。截至 2021 年,印度约有 14 亿。印度分为印度恒河平原、喜马拉雅山脉和半岛三个主要地理区域。前两者共同被称为北印度,而半岛又称为南印度。

(一) 印度流域及水资源概况

印度属于典型的热带季风气候,降水量大。年平均降水量各地差异很大,南部大部分地区的年降水量为 1 000～1 500 毫米,西北部一些地区仅 150～300 毫米,东北部和西部沿海地区可高达 2 500～4 000 毫米。

印度的河流可以分为喜马拉雅河流、德干高原河流、海岸河流和西部拉贾斯坦邦的内陆流域河流四类,其最长的河流是布拉马普特拉河和印度河。一些重要的河流发源于上游国家,然后流入其他国家,仅流经印度。例如,印度河发源于中国,最后流入巴基斯坦;布拉马普特拉河发源于中国、尼泊尔和不丹,最后流入孟加拉国。

印度的主要水源是降水和喜马拉雅山脉上的冰雪融水。FAO 统计资料显示,印度 2019 年可再生水资源总量约 19 109 亿立方米,人均可再生水资源量为 1 398 立方米。综合考量,印度属于水资源比较缺乏的国家。

(二) 印度流域生态系统管理法律制度体系

1. 流域生态系统管理法律制度的历史发展

印度在1947年独立之前的水法律政策主要涉及运河、沟渠灌溉用水的规范，如《北印度河渠法》《马哈拉施特拉邦灌溉法》等。在印度，真正意义上的水资源或流域生态系统管理法律制度始于1949年通过的《印度共和国宪法》（简称《印度宪法》）。《印度宪法》以附表的方式框定了联邦和各邦河流与河谷的管理与开发、水资源利用的立法权限划分。为了解决潜在的河流冲突，印度联邦政府制定了《邦际河流争议法》，为解决各邦之间用水争端提供了法律依据。考虑到日益严重的水质污染，印度议会通过了《水污染预防和控制法》，旨在预防和控制水公害污染，并把制定水污染和水质标准的权力授予水资源部。

20世纪80年代，用水安全已经成为事关印度国家安全的重大事项，印度政府开始重视水资源保护和水资源利用计划的编制。1987年，印度制定了《国家水政策》，该政策统一规定了国内的水事基本政策，要求各邦据此制定具体的水资源法律和政策。2002年和2012年，印度连续出台新的国家水政策，不断强化对水资源的统一规划和管理。同时，印度联邦政府制定了《地下水开发和管理的监督和控制示范法》，供各邦和中央直辖区采用，以加强对地下水开发和管理活动的监管和控制。除了联邦，印度各邦也积极制定水资源管理和利用的政策，如《马哈拉施特拉邦水管理法》《比哈尔邦灌溉法》《喀拉拉邦地下水控制和调节法》等。

2. 现行流域生态系统管理法律与政策体系

(1)《印度宪法》。1949年的《印度宪法》涉及水资源的规定主要体现在附表七。1949年《印度宪法》附表七中，表Ⅰ——联邦职权表第五十六项规定，邦际河流与河谷的管理和开发，应由联邦控制在国家议会法律所宣布的对公众利益最为有利的限度内；表Ⅱ——各邦职权表第十七项规定，水的供应、灌溉与运河、排水与筑堤、水库和水力，均需遵从表Ⅰ第五十六项的规定，即水资源管理立法是联邦和各邦的共同职责，但分工不同，联邦主要对邦际河流与河谷的管理和开发立法，各邦主要对邦内所涉水域的供水、排水立法。

(2) 联邦法律。联邦关于水资源的立法主要有《邦际河流争议法》《水污染预防和控制法》《环境保护法》《国家水政策》《地下水开发和管理的监督和控制示范法》等。

1956 年通过的印度《邦际河流争议法》旨在为各邦之间的河流和河谷海域争端提供解决的方案,主要内容涉及由联邦政府受理的水事投诉、裁决机构的组成、水事纠纷的裁决等。1974 年的《水污染预防和控制法》共 8 章 64 条,主要内容包括前言、中央和邦水污染预防和控制委员会的权力和职能、水污染的预防和控制措施等。1986 年制定的《环境保护法》内容包括中央政府的一般权力、防止控制和减除污染等。《国家水政策》是一部有关水资源的总则性国家政策,主要内容包括制定国家政策的必要性、信息化、水资源计划编制、灌溉、移民及其再安置、财政和物质支撑、水资源管理的参与途径、私营企业的参与、水质、水分区、水保护、洪水控制和管理、海水和河水对土地的侵蚀、干旱地区的开发、工程监督、各邦水的共享分配、改善性能等。

(3) 各邦法律。印度各邦根据邦内实际需求制定内容各异的水资源立法,如《马哈拉施特拉邦水管理法》《迈索尔灌溉法》《比哈尔邦灌溉法》《喀拉拉邦地下水控制和调节法》等。

(4) 国际条约。印度与其他国家缔结的国际条约主要有《印度、巴基斯坦关于印度河的条约》《孟加拉国、印度关于分享恒河水和增加径流量的协定》等。《印度、巴基斯坦关于印度河的条约》结束了印度和巴基斯坦之间长期的水事纷争;确定了印巴两国在印度河的用水范围;规定尽可能防止污染河水而影响原来的用途,并采取一切合理措施以保证下水道污水及工业废弃物在流入河之前经过必要的处理;设立印度河常设委员会解决水事分歧和争端。《孟加拉国、印度关于分享恒河水和增加径流量的协定》对印度和孟加拉国两国如何分享恒河河水做了制度安排,其目的是确保上游国印度向下游国孟加拉国提供协定规定流量的河水。①

(三) 印度流域管理法律制度结构

1. 重视水生态系统的重要性

印度立法历来重视水生态系统的重要性。2002 年的《国家水政策》规

---

① 蔡守秋,常纪文.国际环境法学[M].北京:法律出版社,2004:177.

定：水是主要的自然资源，是人类生存的根本，也是国家宝贵的财富；水资源是范围更广的生态系统的组成部分；应当认清淡水资源的重要性和匮乏的现状，将其视为支持各种生命形式的基本环境物质之一；水是国家有限和宝贵的资源；对于水资源的规划、开发、保护和管理必须建立在合理和健全的环境基础之上，并充分考虑社会和经济影响，兼顾国家利益，这是发展规划必须关注的关键所在。2015年1月1日实施的《环境保护法》把环境定义为影响人类生存和发展的各种天然的和经过人工改造的自然因素的总体，包括大气、水、海洋、土地、矿藏、森林、草原、湿地、野生生物、自然遗迹、人文遗迹、自然保护区、风景名胜区、城市和乡村等。

2. 综合采用多种手段保护流域生态系统

（1）以流域为单元编制水资源计划。2002年的《国家水政策》就水资源计划编制事宜作了具体规定：水资源的规划、开发和管理应以该水域为单位进行划分，如整个流域或亚流域、多扇区流域，在规划中应充分考虑地表水和地下水在水质和流量上的可持续利用及环境保护等。所有的局部发展计划、提议和设想应包含在整个规划的框架之内，并且应符合现有的流域和亚流域发展协议的原则和宗旨，只有这样，才能保证最佳的规划方案。对于缺水地区，可以基于国家的远景规划，在充分调查这些地区水资源需求的基础上，从其他地区引水（包括流域之间互引）。

（2）承认生态环境用水。2002年的《国家水政策》在第五章"水资源的优先分配顺序"中承认生态环境用水权利，并置于第四位的优先次序，其具体规定如下：水资源使用权应遵循以下顺序：饮用水、灌溉、水力发电、生态、农业工业、非农业工业、航运及其他用途；并且要求：常年性河流，为了维护生态和社会方面的考虑，应当确保最低流量。该规定表明，为了实现水资源的可持续利用，必须满足生态环境用水的需求。

（3）保护流域水质。印度立法强调应通过保护水质来保护有限的水资源，重点是通过消除污水来实现水质的保护。1974年的《水污染预防和控制法》第二十五条规定，任何人不得在没有经联邦委员会同意的情况下，建立任何可能将社区污水或工商业废水排入水流、水井、下水道或地面的工业、作业或工序、处理与处置系统或其扩展或增加部分。2012年的《国家水政策》也规定，污水应当经过处理，达到可排放标准后，方可排入河流。

（4）鼓励发展节水产业。2002年的《国家水政策》规定，应当鼓励草原、森林或其他需水相对较少的产业的发展。

（5）重视水使用的非传统方法。2002年的《国家水政策》规定，水使用的非传统方法，如流域互相补给、人工回灌地下水以及海水淡化等，以及传统的水保护习惯，如雨水的收集，包括屋顶水的收集，需要得到推广和提倡以增加可利用的水资源。该政策还指出，迫切需要加强前沿技术方面的研究力度。

（6）保护开发地下水。地下水是一种重要的水资源。地下水和地表水相互补充，在维持和保护流域生态方面发挥了重要的作用。因此，政府必须重视地下水的开发保护。2005年的《地下水开发和管理的监督和控制示范法》规定，通过实施许可证制度控制对地下水的开采。开采地下水应当兼顾地下水的可用性、抽取地下水的数量、使用地下水的质量以及地下水位的长期状况。2002年的《国家水政策》规定，中央和地方政府需要有效地避免因过度开采地下水造成对环境的有害后果；应当避免过度开采地下水，尤其是要阻止海水进入沿海地区的淡水含水层；采取地下水回灌工程，综合协调地下水和地表水开发。

（7）厉行有偿用水制度。为了防止水资源浪费，印度实行有偿用水制度。有关法律规定，渠道无偿流失的水，应由用水者一并缴纳水费；对未经许可用水或浪费水者，除了缴纳水费，还要受刑事处罚；对不缴纳水费者，应停止供水并取消许可。

3. 印度流域管理体制

印度流域水资源的所有者为国家。根据《印度宪法》，水资源由联邦政府和各邦进行立法管理，包括进行配置。2002年的《国家水政策》第一章第一条规定，规划、开发和管理水资源需要国家的控制和管理。

印度的流域管理本着满足整个流域、亚流域或多扇流域发展和管理需要的原则，具体的做法是在流域水资源的开发和管理方面以流域为单元，实行项目管理的体制：由发起的部门牵头，有关联邦、州和区政府有关机构、非政府组织、国际资助机构和当地社区共同参与。

目前，联邦层次的流域管理机构主要有水资源部、计划编制委员会、农业部和中央水污染控制委员会。其中,水资源部主要负责制定和调整国家水资源开发的方针政策和规划,中央水资源委员会是其技术支撑机构,为邦级的水资源开发提供基本的框架结构、技术和研究支持,同时负责水资源的评估;计划编制委员会主要负责为邦以及水资源部的各种水资源开发规划和计划分配所需的财政资金,参与国家水资源开发政策方面的有关活动;农业部的主要职责是促进农业灌溉;中央水污染控制委员会负责水质监测、编制和解决污染问题的行动计划。同时,流域管理由政府机构管理向社区民众延伸,如水资源的使用者(私营企业、水用户)、资金占有人等有关人士,参与的方式包括水资源规划的计划、设计、发展和管理等,以期创新联合管理模式,提高水资源利用效率和增强社会公众的水资源保护责任感。

(四)印度流域生态系统管理法律与政策对我国的启示

印度和我国同属发展中国家,经济社会条件具有许多相似之处,印度有关流域管理法律与政策方面的经验值得我国借鉴。

1. 引入流域生态系统整体管理理念

印度于2002年制定的《国家水政策》以及于1986年制定的《环境保护法》对环境的定义都强调生态系统各要素间的相互关联、相互制约。印度流域管理相关法律法规也从不同角度规定了流域生态系统整体管理的具体制度措施。为了有效地保护流域生态系统,我国还需在有关法律法规中明确流域生态系统整体管理的理念和方法。

2. 承认流域生态用水并置于优先位置

印度人均耕地少,粮食紧缺,灌溉是保证耕地高产的有效方法之一,因此印度立法把饮用水、灌溉用水分别置于第一位和第二位的优先地位。同时,印度在水资源极度短缺的情况下,仍然把流域生态用水置于第四优先位置予以保障。我国现行《水法》虽然提出要发挥水资源的多种功能,要求协调好生活、生产经营和生态环境用水,但在水资源稀缺的背景下,如果不明确生态环境用水标准及优先地位,协调生态环境用水的规定难免会流于形式。

3. 健全的流域管理机制

印度流域管理机构的建立本着满足整个流域、亚流域或多扇流域发展和管理的需要,形成了以流域为单元,由联邦、州和区政府有关机构、非政府组织、国际资助机构和当地社区共同参与的流域管理体系。我国现行法律法规虽然确立了流域管理机构,规定实行流域管理与区域管理相结合的模式,但从我国实际情况看,是以各省(自治区、直辖市)地方各级水管理机构为主的分块管理机制发挥主导作用,流域管理机构并未发挥其应有的功能。虽然成立了长江流域的协调管理机构,但该机构的具体职责和权限还缺乏明确的规定。我国流域管理相关法律法规必须尽快明确流域管理的范围,并确定权威的流域管理机构来统一协调管理。

第四节　国外流域生态系统管理法律制度特征及启示

我国是水资源大国,总量居世界第六位,但人均水资源总量只有2 100立方米,约为世界人均水资源总量的28%,被联合国列为13个贫水国家之一。目前,我国在水资源管理尤其是流域的统一管理方面尤显不足,国外流域生态系统管理法律制度在发展中积累了许多先进经验,借鉴和吸收国外经验对于提高我国流域环境资源保护、促进水资源可持续开发利用、提高流域生态系统管理水平无疑具有重要意义。

一、国外流域生态系统管理法律制度的特征

(一)确立整体发展的流域生态系统管理理念

1. 重视水的生态价值

各国立法普遍重视水资源的生态价值。例如,加拿大1987年《联邦水事政策法》指出,必须像对待其他有价值的资源一样认真地管理水,认识水资源的真正价值,将水视为既是保持环境良好的关键资源,又是具有真正价值的日常必需的物资,并据此对其进行管理。巴西的联邦法律也认为,水不仅是具有经济价值的资源,而且是生态系统中的有限资源,所以必须承认水资源的生态价值。

2. 以流域生态系统作为保护对象

加拿大立法提出了流域水资源管理的生态系统管理法并指出,生态

系统方法是一种一体化的综合管理模式,强调水资源系统的各组成要素及其与人、社会、经济、环境的关系,要求人们在管理水资源过程中更多地关注水系统而不是单纯的水资源。流域管理的生态系统方法是在认同生态系统所有组成部分(空气、水、鱼、野生生物和人类等)互相关联、互相影响的理念上发展起来的。罗马尼亚于1995年制定的《环境保护法》规定,地表水、地下水和水生态系统的保护意味着维护和提高自然生产力,目的是避免对环境、人类健康和福利的消极影响;罗马尼亚于1996年制定的《水法》的目标之一是水生态系统的保存和保护。印度在国家政策层面也引入生态系统的概念,并确立了对包括水在内的生态系统整体予以保护的理念。

(二)注重流域生态的预防性保护

水资源一旦污染,治理难度很高,而且治理效果也不理想,所以各国都非常重视水资源污染的预防。以加拿大为例,该国各水资源立法都确立了水污染的预防原则。加拿大于1990年制定的《水法》指出,应通过预防减少水污染给国民健康和环境带来的危害,正确地维护河流、湖泊、沼泽等公共水体的质量,使全体人民有一个卫生、舒适的居住环境。加拿大于1999年制定的《环境保护法》也指出,加拿大政府应当采取预防性措施来保护、改善和恢复环境,实施一种考虑生态系统的统一性和基础特征的生态方法来预防污染。而且,加拿大还采取措施保障预防原则的落实,如1987年制定的《联邦水事政策法》指出,单靠各种严格的法规和规范而没有经济激励和处罚机制,难以实现预防水污染的目的,该政策强调推广污染者付费,并将付费的数额重新规定为责任人为减少污染所需要承担的必要的费用。

同时,各国立法均确立了流域生态用水的优先地位以保障流域生态维护的流量。例如,罗马尼亚通过立法明确规定生态环境用水权,并赋予生态环境用水以仅次于满足水人权、消防用水之后的第三优先地位;印度在水资源极度短缺的情况下,仍然把流域生态用水置于第四优先次序予以保障。

(三)注重政府主导与市场手段综合运用

1. 通过目标制定、规划编制等发挥政府主导作用

综观各国立法政策,在流域管理过程中政府主导作用的发挥主要体现在流域管理目标的制定、流域水资源规划的编制等宏观方面。如,巴西对水资源管理提出了三大目标:一是保证当前和未来人们可以获得需要的符合标准的水;二是在满足水资源可持续利用的前提下保证水资源的合理与综合利用;三是防止并应对因自然原因或自然资源不适当利用造成水危机的发生。为了实施水资源一体化管理、保护自然资源及保育重要生态系统和环境,墨西哥重视水资源的规划并认为,水资源的规划不仅要考虑用水的需求,而且应考虑生态系统的环境保育、自然资源的更新以及集水区域和重要生态系统水文上的可持续性。巴西的水资源规划是流域、州及国家层面关于水资源各项行动计划的总和,是巴西水资源管理的基础及实施全国水资源政策的总体要求,该规划为长期规划,包括水资源现状、未来水质水量供需分析以及对人口变化、经济发展和土地利用改变对水资源状况影响的分析。

2. 综合市场手段的运用

在国外,市场激励手段运用于流域水资源管理已是常态。巴西的《国家环保法》规定了收费用水的原则。该法认为,缴纳水费有助于保护水资源。印度鼓励发展节水产业并出台了一系列严格的有偿用水制度。加拿大的相关政策强调污染者付费的原则,并规定污染责任人应支付为减少污染所需要承担的不可避免的费用,使所有的加拿大人所付出的费用与他们所获得的收益更为均衡。罗马尼亚立法规定,应当通过经济刺激对节水行为进行鼓励,并对那些浪费和污染水资源的人采取惩罚措施;具体经济手段包括污染者付费制度以及补助和惩罚等措施。墨西哥也建立了相对完善的水权交易制度,其目的是提高各部门的用水效率,在水资源管理中保护和实现自然资源的可持续利用,减少财政负担,强化国家的水资源政策及增强政府在水资源分配中的灵活性和应急能力。

(四)鼓励公众参与流域管理

流域管理不能单靠政府,必须调动公众的庞大力量共同为之,这也是国外流域管理的共识。例如,罗马尼亚的《水法》认为,水管理应该建立在人类团结和公共利益的基础之上,通过公共管理、水用户、地方社区和公众代表紧密的、全方位的协作,达到社会利益的最大化。墨西哥的《国家水法》要求,水事主管部门的秘书处、国家水事委员会和流域组织应当根据法律规定的条件,在儿童和大众节目中宣传和促进与自然资源合理利用有关的水资源保育文化,以及有关生态系统和环境保护的文化。加拿大的《联邦水事政策法》也认为,对于水资源的有效管理,无论是通过法规、确定指导方针和实用的法典还是通过范例来引导,都必须要依靠所有拥有权限的各个机构和私营部门一起合作制定科学的方案;必须承认国家的主导作用,与广泛的应用科学研究者建立研究咨询机制,从而对计划的各种需求和各种需要优先处理的问题提出建议;与各省区域一起建立和维护直接针对加拿大水管理的各种有用的水信息系统。

二、国外流域生态系统管理法律制度对我国的启示

(一)确立以流域为单元的生态系统整体保护理念

为了促进河流及湖泊的可持续发展,各国确立了全新的流域生态系统整体管理思想,强调水资源系统的各组成要素及其与人、社会、经济、环境的关系,要求人在管理水资源过程中更多地关注包括水资源在内的整个生态系统而不是单纯的水资源。我国现行法律法规设立了流域管理机构,规定实行流域管理与区域管理相结合的模式。我国《水法》第九条也规定,国家保护水资源,采取有效措施,保护植被,植树种草,涵养水源,防治水土流失和水体污染,改善生态环境。但由于流域内各资源管理分属不同的部门,甚至水质和水量也不统一管理,我国的《水法》尚没有流域生态系统整体保护的明确规定,导致实践中的流域管理根本无法达到维护流域整体生态系统的目标。因此,我国流域管理相关法律法规必须尽快明确流域管理的范围,并确定权威的流域管理机构以统一协调管理流域整体生态系统。①

(二)落实流域生态保护的预防原则

从国外立法的成功经验来看,规定并落实风险预防原则,对于预防今后可能发生的重大流域环境损害,促进流域经济社会的可持续发展具有重要意义。预防原则一方面要求一国政府应对特定生态风险的危害性进

---

① 邱秋.域外流域立法的发展变迁及其对长江保护立法的启示[J].中国人口·资源与环境,2019(10):11-17.

行具体研究,在科学、可靠的证据的基础上慎重地做出负责任的正确决策;另一方面也要求政府在对一些生态风险的危害性暂时无法得出科学决断之前,要审慎采取行动,防止或者最大限度地减小损害后果的发生。以此预防原则的合理内涵为依据,我国政府尤其是地方政府在处理流域生态保护与经济发展的关系时,要避免为了短期经济利益而损害流域生态环境,在一些流域工程开工之前要进行环境影响评价并审慎"上马"。

(三)完善流域管理的市场激励手段

一般而言,法律对行为的控制表现为权利义务两种规范,与此相应,就有激励与限制两种机制。激励是一种来自内部动力的利益机制,限制是一种外在的强迫被动机制。水是生命之源,及时获得足量、清洁的生活用水,是每个人维护生命健康的基本条件,也是人的生存权利,法律应该保护这一权利。然而,水又具有公共属性,在开发利用水资源时相关制度设计必须兼顾人类整体利益,保障流域生态环境的用水要求。法律制度要合理协调水的私人属性与公共属性之间所表现出的利益关系,平衡它们的利益需求。

国外的经验证明,切实可行的经济手段,特别是各种激励机制,是推动流域管理工作的有力武器。我国流域管理也应充分应用市场激励手段来促进流域生态环境的保护,但在具体政策制定中要根据我国国情,统筹兼顾、综合考虑,既不过分增加企业负担,又能充分体现流域资源的价值属性。具体来说,我国流域管理可通过立法和行政机制,综合运用税费、信贷、利润、价格等政策工具,建立健全流域排污收费、排污权交易、征收流域生态费税,确立流域循环经济、产业引导等制度。

(四)鼓励公众参与流域管理

公众参与对流域管理的重要作用不言而喻。目前,我国相关立法已经确立了公共参与制度,但现行公众参与制度存在诸多问题:一是相关规定过于原则、笼统,可操作性不强。对于诸如公众如何参与、在哪些阶段参与,以及如何保障公众参与等法律实践中的问题,有待于进一步明确。[1]

---

[1] 魏胜强.生态文明视域下的污染防治法研究[J].扬州大学学报(人文社会科学版),2019(01):16-31.

二是相关立法没有规定涉及公众参与受到侵害如何救济、是否可诉、规划部门或建设单位不考虑公众意见时应当承担何种法律责任等条款,这些问题导致公众参与缺乏司法救济制度的保障。三是虽然目前我国公众的环境保护意识已经有了显著提高,但是公众的参与意识,尤其是环境参与意识较弱,缺乏对环境法规的熟悉以及对自身环境权益的认识。① 四是公众参与的结果缺乏反馈与公开性。我国流域管理中的公众参与制度必须克服上述不足,通过设立专门机构、具体程序规范和保障措施,争取最广泛的公众参与,在更广泛的范围内加强公众参与流域管理。

(五)加强流域管理机构的地位和职能

我国现行法律虽然确立了流域管理机构,规定实行流域管理与区域管理相结合的模式,但从目前情况看,实际上是以各省(市、自治区)的地方各级水管理机构为主的分块管理机制在发挥主导作用,而流域统一管理机制并未发挥其应有的功能。② 例如,我国七大流域管理机构之一的长江水利委员会的工作重点是洪水、泥沙、干旱的防治以及负责边界地区的水污染、编制所在流域水资源综合规划等,其不是权力机构,真正的权力机构是与其拥有同等权力的省级水利主管部门。因此,现行流域管理机构并没有真正实施流域管理,未达到维护流域整体生态系统的效果。我国流域管理相关法律法规必须尽快明确流域管理的范围,并确定权威的流域管理机构来统一协调管理。

---

① 李兵华,朱德米.环境保护公共参与的影响因素研究——基于环保举报热线相关数据的分析[J].上海大学学报(社会科学版),2020(01):118-128.
② 刘超.《长江法》制定中涉水事权央地划分的法理与制度[J].政法论丛,2018(06):81-93.

第四章　中国流域生态系统管理法律制度构建的理论选择

理论预设是制度构建的基础。本章根据流域生态阈值与人类社会经济生活的冲突、流域普遍性与个别流域特殊性之间的协调、流域生态系统的结构和功能特征，结合我国现行流域生态系统管理法律制度规范理论缺欠的现状，从立法理念、立法价值、立法本位、立法模式和立法原则出发探讨中国流域生态系统管理法律制度的理论构建。

第一节　中国现行流域生态系统管理法律制度解析

一、中国流域生态系统管理法律制度历史沿革

（一）启动阶段（从新中国成立至20世纪80年代）

新中国成立后，我国流域管理伴随着新中国大规模的水利建设掀开了崭新的一页。1949年11月，水利部为了统筹规划各重要水道的水利建设，使每个重要水系的上下游、干支流能够畅通，大兴水利灌溉设施，设立了黄河水利委员会、长江水利委员会、淮河水利工程总局，由水利部直接领导。1950年10月14日，政务院颁布《关于治理淮河的决定》，为加强统一领导，加强治淮机构，以当时的淮河水利工程总局为基础，成立治淮委员会。同时，水利部在全国各大区建立了直属的水利勘测设计院，其主要职能是制定江河流域规划；审查地方和其他部门水利工程的设计方案和预算；解决省际水事纠纷。当时流域机构由国家计划单列，不仅有工程项

目审查权,而且有资金分配权。各流域委员会的主任都由国务院任命,副主任由各省首长担任。例如,当时的治淮委员会直接隶属国务院,主任由国务院副总理担任,副主任为流域各省的省委书记,流域内各省、地、县甚至乡都建有治淮机构,该机构均由地方各级党政主要领导任负责人,治淮的规划、经费乃至各基层机构的人员编制都由治淮委员会统一安排。这种高度集中的行政治水管理模式,对推动治淮发挥了重大作用。

20 世纪 50 年代末至 70 年代末,这一阶段历经"大跃进""文化大革命",流域管理受到严重影响,一些流域机构被调整或被撤销。"文化大革命"结束后,流域管理逐步恢复正常。1977 年,国务院恢复治淮委员会(1990 年该委员会更名为淮河水利委员会);1979 年,成立海河水利委员会、珠江水利委员会;1982 年,成立松辽流域水利委员会;1989 年,恢复长江水利委员会。至此,我国七大江河均建立了流域管理机构。1984 年,我国又成立了太湖流域管理局。①

(二) 基本制度确立阶段(20 世纪 80 年代至 2002 年)

从 20 世纪 80 年代初期开始,随着我国经济建设的快速发展,流域管理立法取得了初步成果,我国水法律体系逐渐建立。1988 年,我国第一部《水法》颁布,其中第十四条要求,开发、节约、保护水资源和防治水害,应当按照流域、区域统一制定规划。同年,国务院颁布《中华人民共和国河道管理条例》,确立了我国七大流域管理机构在重要江河及跨省河段的管理地位。1995 年,国务院颁布《淮河流域水污染防治暂行条例》,确立了淮河流域水资源保护局在淮河流域防治水污染工作中的管理地位;同年,《水污染防治法》颁布实施并规定,重要江河流域的水源保护机构应结合各自的职责,协同环境保护部门对水污染防治实施监督管理。另外,1993 年,国务院发布《取水许可制度实施办法》。1992 年 4 月 3 日,水利部与原国家计划委员会联合发布《河道管理范围内建设项目管理的有关规定》,该规定授权流域机构审查批准在大江大河主要河段、跨省河流的重要河段、省际边界河流、国境边界河流上的取水许可申请和在这些河段上新建、扩建、改建跨河、临河、穿河的水利工程。1994 年,水利部对

---

① 沈大军.水管理学概论[M].北京:科学出版社,2004:111.

1988年制定的《水法规体系总体规划》进行了修订,按照该规划的要求,长江水利委员会受水利部的委托,牵头组成由各流域机构共同参加的课题组,开展流域生态系统管理法律制度的前期研究工作。1997年颁布的《中华人民共和国防洪法》(以下简称《防洪法》)对防洪制度、流域防洪规划的地位、流域管理机构在河道管理和防汛中的地位和作用作了详细的规定。

在此阶段,相关法律法规赋予流域管理机构一定的法律地位。

(三) 发展完善阶段(2002年至今)

随着国际社会对水资源综合管理的认同和重视,我国也加快了流域立法的步伐。2016年修正的《水法》第十二条规定,国家对水资源实行流域管理与行政区域管理相结合的管理体制。国务院水行政主管部门负责全国水资源的统一管理和监督工作。国务院水行政主管部门在国家确定的重要江河、湖泊设立的流域管理机构(以下简称"流域管理机构"),在所管辖的范围内行使法律、行政法规规定的和国务院水行政主管部门授予的水资源管理和监督职责。县级以上地方人民政府水行政主管部门按照规定的权限,负责本行政区域内水资源的统一管理和监督工作。由此表明,我国以综合法形式确立了流域管理的制度安排,规定了流域管理机构的法律地位和职责权限,流域管理进入了一个新时期[①]。为加快流域综合管理进程,2011年,国务院出台《太湖流域管理条例》,揭开了我国流域综合管理的新篇章。

党的十八大以来,"五位一体"总体布局(经济建设、政治建设、文化建设、社会建设、生态文明建设)、"五大"发展理念(创新、协调、绿色、开放、共享)、"山水林田湖草沙生命共同体"的思想逐渐深入人心,长江经济带发展战略和黄河流域生态保护和高质量发展战略开启了流域治理的新时代。在流域行政管理机制方面,2016年中共中央办公厅、国务院办公厅印发了《关于全面推行河长制的意见》。经过5年的发展,"河长制"已成为新时期流域治理体制的重要组成部分,进一步夯实了流域管理与行政区域管理相结合的流域治理模式中的区域治理责任。2020年12月26日,第十三届全国人民代表大会常务委员会第二十四次会议通过了《长江保

---

① 沈大军. 水管理学概论[M]. 北京:科学出版社,2004:112-115.

护法》,该法作为我国首部流域法律,为我国流域法治提供了典型样本。

目前,我国已经初步建立了与流域管理相关的法律、法规、规章和地方性法规。这些包括《环境保护法》《水法》《水土保持法》《水污染防治法》《防洪法》《长江保护法》等国家立法机关颁布的法律;《太湖流域管理条例》《取水许可制度实施办法》《河道管理条例》等国务院颁布的行政法规;水利部、环境保护部颁布的行政规章及各级地方政府颁布的地方法规,如《白洋淀生态环境治理和保护条例》《河北省河湖保护和治理条例》《山西省河道管理条例》《河南省〈水法〉实施办法》《河南省黄河河道管理办法》《河南省取水许可制度和水资源费征收管理办法》《山东省水资源管理条例》等。

二、中国现行流域生态系统管理法律制度规范述评

(一)现行法律对流域管理的相关规定

1. 流域专门立法的相关规定

2020年12月26日,第十三届全国人民代表大会常务委员会第二十四次会议通过了《长江保护法》,该法于2021年3月1日起施行。《长江保护法》是我国第一部流域专门法律,共9章、96条,包括总则、规划与管控、资源保护、水污染防治、生态环境修复、绿色发展、保障与监督、法律责任和附则。《长江保护法》的主要内容如下:

(1)确立保护优先、绿色发展理念。《长江保护法》第三条明确规定,长江流域经济社会发展,应当坚持生态优先、绿色发展,共抓大保护、不搞大开发。《长江保护法》第六章专章规定绿色发展的措施,并在第六十七条规定,国务院有关部门会同长江流域省级人民政府建立开发区绿色发展评估机制,并组织对各类开发区的资源能源节约集约利用、生态环境保护等情况开展定期评估。

(2)建立流域协调机制。《长江保护法》第四条明确规定,由国家建立长江流域协调机制;第五条明确规定,由国务院有关部门和长江流域省级人民政府负责落实国家长江流域协调机制的决策;第九条要求,国家长江流域协调机制应当统筹协调国务院有关部门在已经建立的台站和监测项

目基础上,健全长江流域监测信息共享机制,共享长江流域生态环境、资源、水文、气象、航运、自然灾害等信息。

(3) 强化政府管理责任。《长江保护法》明确了地方政府职责及地方政府考核机制。如其第七十八条规定,国家实行长江流域生态环境保护责任制和考核评价制度;上级人民政府应当对下级人民政府生态环境保护和修复目标完成情况等进行考核。

(4) 强调流域的生态修复。一是要求开展资源环境承载能力评价;二是实施"三线一单"生态环境分区管控;三是禁止生产性捕捞和特殊时段禁渔;四是划定禁止采砂区和禁止采砂期;五是对野生动植物遗传资源栖息地生态系统进行修复。

(5) 加强长江流域生物资源的保护。生物资源对长江流域生态保护具有重要作用,为此,《长江保护法》第三十九条授权国务院和长江流域省级人民政府在长江流域重要典型生态系统的完整分布区、生态环境敏感区以及珍贵野生动植物天然集中分布区和重要栖息地、重要自然遗迹分布区等区域,依法设立国家公园、自然保护区、自然公园等自然保护地。

(6) 完善污染防治措施。《长江保护法》在《水污染防治法》的基础上,针对长江水污染的特点,增加了控制总磷排放总量、加强对固体废物的监管、加强农业面源污染防治、开展地下水重点污染源和环境风险隐患调查评估、严格危险化学品的管控等要求。

(7) 明确生态保护补偿。生态补偿有利于环境利益和经济利益在保护者和破坏者、受益者和受害者之间公平分配,上下游之间通过补偿方与被补偿方之间的利益协调和共享机制,真正形成全流域发展合力,从而推进长江经济带的高质量发展。《长江保护法》第七十六条明确规定,国家加大财政转移支付力度,对长江干流及重要支流源头和上游的水源涵养地等生态功能重要区域予以补偿;同时,国家鼓励社会资金建立市场化运作的长江流域生态保护补偿基金。

2. 水事综合立法对流域管理的规定

水事综合立法,目前在我国仅指《水法》。2016 年,我国对《水法》进行了修订。现行《水法》明确了流域管理体制和流域管理机构的职责,总体上确立了流域管理体制和流域管理机构的法律地位,又从水资源规划、水资源开发利用、水资源和水域及水工程的保护、水资源配置和节约使用、水事纠纷处理和执法监督检查以及法律责任等方面规定了流域管理机构的具体职责,为加强流域管理提供了法律保障。我们从以下几个方面来阐述现行《水法》对流域管理的有关规定。

(1) 对流域管理体制的规定。现行《水法》第十二条规定,国家对水资源实行流域管理与行政区域管理相结合的管理体制。其第十三条规定,国务院有关部门按照职责分工,负责水资源开发、利用、节约和保护的有关工作;县级以上地方人民政府有关部门按照职责分工,负责本行政区域内水资源开发、利用、节约和保护的有关工作。这些规定与1988年的《水法》对水资源实行统一管理与分级、分部门管理相结合的制度规范相比,更加详细和具体。

(2) 流域管理机构的设置。现行《水法》第十二条规定,国务院水行政主管部门负责全国水资源的统一管理和监督工作。国务院水行政主管部门在国家确定的重要江河、湖泊设立的流域管理机构(以下简称"流域管理机构"),在所管辖的范围内行使法律、行政法规规定的和国务院水行政主管部门授予的水资源管理和监督职责。县级以上地方人民政府水行政主管部门按照规定的权限,负责本行政区域内水资源的统一管理和监督工作。

(3) 流域管理机构的职责。现行《水法》比较全面地规定了流域管理机构的职责。它包括流域管理机构的水资源管理和监督职责;制定跨省、自治区、直辖市的其他江河、湖泊的流域综合规划和区域综合规划;对水工程的建设进行审查;维持江河的合理流量和湖泊、水库以及地下水的合理水位,维护水体的自然净化能力;拟定相关河流、湖泊的水功能区划;核定流域的纳污能力,提出限制排污总量意见;监测水功能区的水质状况,并负责向有关部门通报;在其管辖区内划定工程管理和保护范围;有关部门制定跨省、自治区、直辖市的水量分配方案和旱情紧急情况下的水量调度预案;制定年度水量分配方案和调度计划,实施水量统一调度;发放取水许可证,收取水资源费;履行水事纠纷处理和执法监督检查方面的相关职能;对违反上述各项规定的行为,流域管理机构有处罚权。

(4) 有关流域规划的法律规定。现行《水法》在水资源规划中突出了流域规划的主导地位,将水资源战略规划分为流域规划和区域规划。流域规划又分为流域综合规划和流域专业规划。同时,为了避免规划之间的冲突,现行《水法》第十五条规定,流域范围内的区域规划应当服从流域规划,专业规划应当服从综合规划。现行《水法》还规定,水工程建设、水功能区的划分、水中长期供求规划的制定、水量分配方案等均必须符合流域规划的要求。

(5) 流域水环境、水工程保护的法律规定。现行《水法》不仅注重水量调节和水工程保护,而且对水生态保护和水污染防治给予高度关注,不少章节都体现了对水生态的保护。比如,《水法》第四章关于水资源、水域和水工程保护方面的规定指出,县级以上人民政府水行政主管部门、流域管理机构以及其他有关部门在制定水资源开发、利用规划和调度水资源时,应当注意维持江河的合理流量和湖泊、水库以及地下水的合理水位,维护水体的自然净化能力;县级以上人民政府水行政主管部门或者流域管理机构应当按照水功能区对水质的要求和水体的自然净化能力,核定该水域的纳污能力,向环境保护行政主管部门提出该水域的限制排污总量意见;县级以上地方人民政府水行政主管部门和流域管理机构应当对水功能区的水质状况进行监测,发现重点污染物排放总量超过控制指标的,或者水功能区的水质未达到水域使用功能对水质的要求的,应当及时报告有关人民政府采取治理措施,并向环境保护行政主管部门通报。其第5章关于水资源配置和节约使用方面的规定指出,水中长期供求规划应当依据水的供求现状、国民经济和社会发展规划、流域规划、区域规划,按照水资源供需协调、综合平衡、保护生态、厉行节约、合理开源的原则制定。这些规定大大加强了对水生态的保护,使水资源利用与水污染防治管理更加协调统一。

(6) 流域水事纠纷调处的法律制度。现行《水法》专设第六章关于水事纠纷处理与执法监督检查方面的规定,对地区间的水事纠纷处理实行行政终局裁决并规定,不同行政区域之间发生水事纠纷的,应当协商处理;协商不成的,由上一级人民政府裁决,有关各方必须遵照执行。同时,现行《水法》还明确规定了县级以上地方各级人民政府水行政主管部门和流域管理机构及监督检查人员的职权以及执法监督制度;取消了1988年

《水法》中当事人对纠纷处理决定不服提出上诉的时间限制并规定,县级以上地方人民政府授权的部门调解不成的,当事人可以向人民法院提起民事诉讼,这一规定为当事人寻求司法救济提供了便利。

(7) 流域水行政执法监督制度。现行《水法》在流域水行政执法检查工作中赋予流域管理机构责令停止违法行为、责令限期改正、强行拆除、征收滞纳金、罚款、吊销取水许可证等行政执法权力。

(8) 法律责任制度。现行《水法》关于法律责任的规定,增加了行政处罚的种类,同时加大了处罚力度,并对罚款的上下限作了明确规定,使内容更加充实,便于操作。与1988年的《水法》相比,现行《水法》强调并明确了流域管理机构及其工作人员的法律责任,进一步约束了流域管理机构及其工作人员的自身行为。①

3. 《水污染防治法》对流域管理的规定

2017年6月27日,全国人民代表大会常务委员会在对1984年的《水污染防治法》进行重新修订后公布实施。现行《水污染防治法》对流域管理的规定主要表现为以下两个方面:

(1) 强调流域水污染防治规划。现行《水污染防治法》第十六条规定:防治水污染应当按流域或者按区域进行统一规划。国家确定的重要江河、湖泊的流域水污染防治规划,由国务院环境保护主管部门会同国务院经济综合宏观调控、水行政等部门和有关省、自治区、直辖市人民政府编制,报国务院批准。前款规定外的其他跨省、自治区、直辖市江河、湖泊的流域水污染防治规划,根据国家确定的重要江河、湖泊的流域水污染防治规划和本地实际情况,由有关省、自治区、直辖市人民政府环境保护主管部门会同同级水行政部门和有关市、县人民政府编制,经有关省、自治区、直辖市人民政府审核,报国务院批准。省、自治区、直辖市内跨县江河、湖泊的流域水污染防治规划,根据国家确定的重要江河、湖泊的流域水污染防治规划和本地实际情况,由省、自治区、直辖市人民政府环境保护主管部门会同同级水行政等部门编制,报省、自治区、直辖市人民政府批准,并报国务院备案。经批准的水污染防治规划是防治水污染的基本依据,规

---

① 倪鹏.对流域机构水行政执法的几点认识[J].治淮,2002(12):5-6.

划的修订须经原批准机关批准。县级以上地方人民政府应当根据依法批准的江河、湖泊的流域水污染防治规划，组织制定本行政区域的水污染防治规划。

（2）确定了流域水资源保护机构的职能。现行《水污染防治法》第二十六条规定，国家确定的重要江河、湖泊流域的水资源保护工作机构负责监测其所在流域的省界水体的水环境质量状况，并将监测结果及时报国务院环境保护主管部门和国务院水行政主管部门；有经国务院批准成立的流域水资源保护领导机构的，应当将监测结果及时报告流域水资源保护领导机构。

然而，多年实践证明，现行《水污染防治法》对于流域水污染监督管理的规定是远远不够的，因为该法的指导思想仍然是环境部门统一监督管理与各区域分区监督管理的思想，并没有确立全流域统一监督管理的理念。[①] 例如，《水污染防治法》第九条仍规定：县级以上人民政府环境保护主管部门对水污染防治实施统一监督管理。交通主管部门的海事管理机构对船舶污染水域的防治实施监督管理。县级以上人民政府水行政、国土资源、卫生、建设、农业、渔业等部门以及重要江河、湖泊的流域水资源保护机构，在各自的职责范围内，对有关水污染防治实施监督管理。这种各部门分割管理的弊端导致江河污染、流域生态系统受损严重。

4.《防洪法》关于流域管理的规定

2016年7月修正的《防洪法》规定了流域管理机构在防洪和河道管理中的职责。首先，该法确立了防洪工作按照流域或者区域实行统一规划、分级实施和流域管理与行政区域管理相结合的制度，规定了流域管理机构在所管辖的范围内行使法律、行政法规规定和国务院水行政主管部门授权的防洪协调和监督管理职责。其次，该法在总则中确立了全面规划、综合治理的原则；规定江河湖泊治理与防洪工程设施建设应当符合流域综合规划；跨省界的防洪规划由流域管理机构会同地方水行政主管部门拟定；河道、湖泊管理实行按水系统一管理和分级管理相结合，并规定了

---

① 李爱年，刘翱. 环境执法生态化：生态文明建设的执法机制创新[J]. 湖南师范大学社会科学学报，2016(03)：80-88.

流域机构的河道管理范围及划定权限。再次，该法还规定了防汛抗洪管理体制，明确了流域机构尤其是跨省界防御洪水方案的制定职责。最后，该法赋予流域管理机构的执法主体地位，这在我国水资源管理体制上是一重大突破。

5.《水土保持法》对流域管理的规定

2010年修订的《水土保持法》从水土保持方面对流域管理进行了规定。如《水土保持法》第二十二条规定，采伐林木应当采用合理采伐方式，严格控制皆伐；对水源涵养林、水土保持林、防风固沙林等防护林只能进行抚育和更新性质的采伐；对采伐区和集材道应当采取防止水土流失的措施，并在采伐后及时更新造林。在林区采伐林木的，采伐方案中应当有水土保持措施。采伐方案经林业主管部门批准后，由林业主管部门和水行政主管部门监督实施。其第三十五条规定，在水力侵蚀地区，地方各级人民政府及其有关部门应当组织单位和个人，以天然沟壑及其两侧山坡地形成的小流域为单元，因地制宜地采取工程措施、植物措施和保护性耕作等措施，进行坡耕地和沟道水土流失综合治理。其第四十条第二款规定，国务院水行政主管部门应当完善全国水土保持监测网络，对全国水土流失进行动态监测。其第四十二条规定，国务院水行政主管部门和省、自治区、直辖市人民政府水行政主管部门应当根据水土保持监测情况，定期对相关事项进行公告。

6.《环境保护法》中有关流域管理的规定

2014年修订的《环境保护法》在流域管理方面的规定强调流域环境污染的协同机制和生态破坏联合防治协调机制，实行统一规划、统一标准、统一监测、统一防治措施，并强调流域内的自然生态保护，如第二十九条第二款规定：各级人民政府对具有代表性的各种类型的自然生态系统区域，珍稀、濒危的野生动植物自然分布区域，重要的水源涵养区域，具有重大科学文化价值的地质构造、著名溶洞和化石分布区、冰川、火山、温泉等自然遗迹，以及人文遗迹、古树名木，应当采取措施予以保护，严禁破坏。

（二）涉水行政法规对流域管理的相关规定

国务院颁布的涉水行政法规，按其性质和内容可以分为三种类型：一是为系统贯彻执行涉水法律而制定的条例，主要有《水土保持法实施条例》;二是为贯彻涉水法律的某项原则或制度而制定的条例或办法,如《河道管理条例》《大中型水利水电工程建设征地补偿和移民安置条例》《水库大坝安全管理条例》《蓄滞洪区运用补偿暂行办法》等;三是针对某一流域的某一方面的突出问题而制定的专门条例,这类条例项目繁多,需要特别提及的是《淮河流域水污染防治暂行条例》《太湖流域管理条例》,现简述如下。

1.《淮河流域水污染防治暂行条例》

自20世纪60年代以来,淮河流域水污染范围不断扩大,污染程度不断加重,恶性水污染事件频繁发生。1992年、1994年、1995年,我国淮河流域相继发生特大水污染事件。1995年8月,国务院制定了《淮河流域水污染防治暂行条例》,这是我国第一次为整个流域出台的专门防治污染的行政法规,也是我国第一部关于流域管理的行政法规。

2.《太湖流域管理条例》

《太湖流域管理条例》于2011年11月正式施行,这是我国第一部综合性流域管理行政法规。其出台标志着我国流域管理进入了综合依法管理的新阶段,是我国流域管理立法的里程碑。

太湖流域地处长江三角洲地区,人口密集,经济发达。自20世纪90年代以来,经济的快速发展和人口的急剧增长导致太湖流域水资源紧缺,水污染严重,流域环境资源问题日益恶化。尤其是不同行政区域间的资源配置缺乏统一规划和统筹考虑,各自为政,导致流域内水资源问题日益突出。

《太湖流域管理条例》的出台,对加强流域水资源开发、利用、节约和保护,以及推动流域经济发展方式转变,具有重要的现实意义和深远的历史影响。首先,该条例强化了饮用水水源保护责任,完善了供水安全应急保障制度;实行重点河湖取水总量控制制度,明确规定对取水总量已经达到或者超过取水总量控制指标的,不得批准建设项目新增取水;建立了流域排污总量控制制度,加快淘汰落后产能,禁止在太湖流域设置不符合国家产业政策和水环境综合治理要求的生产项目。其次,该条例提出要实行流域管理与行政区域管理相结合的管理体制;明确了流域管理机构在流域防洪、水资源统一调度和水资源保护等方面的统筹协调、综合管理和监督检查等职责;强化了地方人民政府及其有关部门在调整经济结构、优化产业布局,保障供水安全、预防处置应急事故,控制和削减污染物总量,改造污水处理设施,打捞蓝藻,清理围网养殖、围湖造地等方面的责任。再次,该条例提出要建立有效的流域协调机制,在供水安全事故处置、污染物总量控制、防洪和水资源调度、水域开发利用管理、监测和信息共享、跨部门跨地区违法行为通报等方面规定了协作、沟通的机制。最后,该条例也完善了保障机制和监督措施,对减少排污的企业和农民实施扶持,这些制度和措施的贯彻落实,有力加快了流域经济发展方式的转变,促进了水资源和水环境的改善。

(三) 中央部委及地方行政规章对流域管理的有关规定

1. 历次"三定"方案

国务院历次批准的水利部"三定"方案(即职能配置方案、机构设置方案和人员编制方案),均把七大江河流域机构表述为水利部派出的流域机构,代表水利部行使所在流域的水行政主管部门职责。2001年4月,水利部下发了《流域机构改革指导意见》,明确提出了流域机构改革的指导思想、原则、思路和改革的基本内容。该意见指出,流域机构改革应按照中央关于事业单位机构改革的总体要求,坚持依法治水的原则,调整和规范江河治理开发与管理工作中各方面的关系;进一步确立流域机构的法律和行政地位,强化流域水资源的统一管理;以内部政事企分开为重点,分类改革,稳步推进,逐步建立符合中国国情,权责统一、精简高效、适应水利改革和发展的新型流域管理体制。2018年9月,水利部下发了"三定"调整方案,该方案指出,七大江河流域机构为水利部派出的管理机构,在所管辖的范围内依法行使水行政管理职责。

2. 部门行政规章、规范性文件

水利部等部委为贯彻法律、行政法规制定了一些行政规章和其他规范性文件。主要有以下两种类型。

一类是授权性文件。比如水利部分别就具体行政事项向流域管理机构授权,形成了流域管理权限"一事一授权"的立法模式。[①] 2005年6月,

---

① 徐军. 我国流域管理立法现状及反思[J]. 河海大学学报(哲学社会科学版),2004(04): 20-23,31.

水利部通过制定《水行政许可实施办法》，授予流域管理机构根据公民、法人或者其他组织的申请，经依法审查准予其从事特定水事活动的权限。2008年4月9日，中华人民共和国水利部令第34号公布的《取水许可管理办法》第三条第二款规定，水利部所属流域管理机构，依照法律法规和水利部规定的管理权限，负责所管辖范围内取水许可制度的组织实施和监督管理。2016年4月水利部印发的《水权交易管理暂行办法》明确规定，国务院水行政主管部门负责全国水权交易的监督管理，其所属流域管理机构依照法律法规和国务院水行政主管部门授权，负责所管辖范围内水权交易的监督管理。

另一类是针对特定流域的特殊情况而制定的部门规章、规范性文件。例如，1998年12月，经国务院批准，原国家发展计划委员会、水利部颁布实施了《黄河可供水量年度分配及干流水量调度方案》《黄河水量调度管理办法》，要求黄河水量实行统一调度，总量控制，以供定需，分级管理，分级负责，并实施年度水量分配和干流水量调度预案制度，授权黄河水利委员会对黄河水量实施统一调度；水利部还制定和颁布一些部门规章，如《黄河下游滩区运用财政补偿资金管理办法》《黄河河口管理办法》《珠江河口管理办法》《三峡水库调度和库区水资源与河道管理办法》《长江河道采砂管理条例实施办法》等。

3. 流域管理机构制定的规范性文件

七大流域管理机构在日常工作中，依据相关法律、法规、规章等也制定了大量的规范性文件，特别是水利部分别就审查河道管理范围内建设项目、取水许可管理、《防洪法》规定的行政处罚和行政措施等职权授权给流域机构以来，各流域机构就上述事项制定了许多规范性文件。尤其随着国家江河流域战略实施以来，长江、黄河水利委员会制定的规范性文件规定的事项最为广泛，涉及防汛、水量调度、水权转换、入河排污口管理、水污染防治、河道管理等方面。

4. 地方性法规和地方行政规章

涉及水事的地方性法规和地方行政规章数量很多，概括起来主要有两类：一是各省、自治区、直辖市结合本地实际所制定的《水法》《水土保持法》《水污染防治法》《防洪法》等法律的实施办法。以《水法》为例，自

1988年《水法》实施以来,已有20多个省、自治区、直辖市制定了实施《水法》办法。二是各地针对本地水事中某一方面的突出问题而进行的专门立法,如《河南省黄河河道管理办法》《山东省黄河河道管理条例》《河南省黄河防汛条例》等。地方立法的积极探索为全国性的流域管理立法提供了借鉴。

三、现行流域生态系统管理法律制度问题解析

通观以上法律法规中有关流域管理的规定,我们可以发现,我国流域管理与国际流域管理理念和模式趋同,逐步走向国际化、规范化的立法路径。但总的来说,现行有关流域管理的规定与促进流域生态保护和可持续发展的要求仍有不小的差距,难以有效保障我国江河流域战略的实施。究其原因,是我国现行有关法律制度仍存在一定的缺欠,具体表现如下。

(一)立法依据欠科学

流域的自然属性决定了流域管理相关立法应在尊重流域自然生态规律和社会经济发展规律的基础上建立基本原则和制度框架。根据《中国自然保护纲要》的归纳总结,生态规律主要包括物物相关规律、相生相克规律、能流物复规律、负载定额规律、协调稳定规律、时空有宜规律。[①] 美国生态学家康芒斯用非常生动的语言表达了生态系统的四条法则:一是生态关联原则。任何一个生态系统内的各种事物都相互关联、相互作用、相互依赖、相互制约。二是一切事物都必然有其归宿。"在每个自然系统中,有一种有机物排泄出来的被当作废物的那种东西,都会被另一种有机物当作食物而吸收。"[②]三是自然淘汰原则。在生态演化中,那些不能与整体共存的生物结构,便会在长期的进化过程中被淘汰。这样看来,一个现存的生物结构,或是已知的自然生态系统的结构,按照常识就似乎是"最好的",因为这是对有伤害的成分做过筛选的,否则,任何新的生物体都会比现在的生物体要糟得多。四是生态代价原则。要达到流域生态系统的健康运行,我们在进行流域管理相关法律规制时必须认识到:流域内的自

[①] 曹明德.生态法新探[M].北京:人民出版社,2007:230-231.
[②] 巴里·康芒纳.封闭的循环:自然、人和技术[M].侯文蕙,译.长春:吉林人民出版社,1997:25.

然、社会经济各要素息息相关,相互作用,相互制约,任一要素都不能忽视;流域内的水、土、森林、草原、矿产、湿地等自然资源之间也紧密相关,相互关联,不能简单地仅仅就流域内某一资源要素进行规制而忽视其他要素的相互影响;相关资源利用及人类活动不能超过流域生态阈值。

然而,我国现行流域管理相关法律法规的规定中没有充分体现生态法则和生态规律。在我国目前的立法机制下,相关流域生态系统管理法律法规分散在环境保护、各自然资源立法和污染防治法当中,这些有关流域管理法律的制定和修订具有明显的部门痕迹。《水法》《防洪法》《水污染防治法》等在管理体制方面存在着较大差异,法规协调性不够,严重割裂了流域生态系统的整体属性。

现行流域生态系统管理法律法规间的不协调主要表现在以下几个方面:一是流域水资源与水环境保护的法律规定不协调。水资源与水环境管理机构在监测体系与标准、数据共享、水功能区划与水环境区划、水资源保护规划与水污染防治规划等方面,存在着明显的不协调。尽管现行《水法》赋予了流域管理机构和水行政主管部门一定的污染控制权,但在目前水资源管理与水环境保护分属不同部门管辖的格局下,流域水资源和水环境的统一保护是无法实现的?二是流域水环境保护与流域生态系统保护的法律法规不协调。例如,现行《水污染防治法》强调要达到流域水环境的质量标准。但是,即使达到了其所要求的流域水环境质量标准,也并不意味着就能保障整个流域生态系统的健康发展,因为达到其质量标准的水环境不一定能符合流域生物多样性的生存环境要求,而现行流域管理的法律法规显然忽视了从流域生态系统整体角度来规范对流域水环境的保护。三是流域各要素分裂立法的不协调。流域是一个自然、社会、经济共同组成的复合生态系统,流域的可持续发展需要统一协调流域资源、环境、社会、经济各要素。现行有关流域管理的法律法规仅仅关注流域水资源立法,从对流域水资源的开发和利用(包括防治洪涝灾害、发展航运和灌溉水利工程的管理)到流域水污染防治、水土流失的治理等,所有有关流域管理的法律法规都强调对流域水资源的管理,而没有把对流域生态系统有重大影响的有关生物多样性保护、湿地保护、流域产业发展等方面的法律法规有机地衔接和融合起来。

现行法律法规对流域管理涉及内容规定的不协调，使各部门在实际执行过程中必然出现摩擦和交叉。而且，法律法规间的矛盾和冲突还会造成各部门为寻求部门利益而争权夺利、各自为政，最终导致行政管理的低效或无效。显然，现行流域生态系统管理法律法规间不协调的根本原因是立法欠缺科学依据，没有考虑流域生态系统属性，没有尊重流域生态规律，导致流域管理措施不能有效实施，难以真正维护流域生态系统健康运行。

（二）立法价值错位

价值描述的是主体与客体之间的一种关系，它的内容是一种客体主体化的问题，即以作为主体的人按照自己的内在尺度和需要认识客体、改造客体，从客体中抽象出"有用的"属性。法律是价值需求的规范形式，立法的意义在于实现法的价值。一般认为，法的价值是法作为客体能够满足作为主体的人的需要或与需要相一致或接近的意义。① 从另一角度看，法的价值实际上是法所蕴含的目的和使命，即从终极意义上法对于人类、对于立法者所能满足其需要的那些东西，是人类、立法者认为法律能够体现、承载、实现的理想和追求。由此看来，法的价值是人类主观思想的一种反映。

长期以来，我国相关法律法规一直秉持人类中心主义的自然观。这种自然观主张，人是宇宙的中心，是万物的主宰，人的地位高于其他任何事物，人类是衡量一切事物的尺度。尽管我国在古代时期也萌芽了天人合一、人与自然和谐相处的思想火花，但这种思想火花没有成为处于主导地位的自然观。② 人类中心主义的自然观使人类为了生存发展将自然作为索取的对象，持续不断地从自然界中掠夺资源。尤其到近代以后，随着社会变革与科技革命的迅猛发展，人类的能力显著提升，更加贪婪地从自然中汲取营养，掠夺资源，从而超越了自然承载的极限，引发人与自然的对立以及生态环境的破坏。人类中心主义的自然观导致了功利主义和实用主义的法律价值观，该价值观以自利或纯粹有用性的角度思考人与自

---

① 卓泽渊.法的价值的诠释[J].苏州大学学报（哲学社会科学版），2005(05)：13-16.
② 陈泉生，等.循环经济法研究[M].北京：中国环境科学出版社，2009：145-173.

然、社会与自然之间的关系。该观点认为,凡能够满足人类需求的环境资源行为都是有价值的,并用这一价值标准来引导人类行为,结果导致人类为了满足自己的有用价值而不顾长远利益,抛弃代际正义,疯狂掠夺环境资源,竭泽而渔,最终导致生态环境危机以及人与自然关系的恶化。这种自利和有用性的法律价值观在流域立法中强调流域内人类利益而不管流域自然生态系统的维护,强调流域的社会经济利益而忽视流域的生态系统整体利益,从而导致流域生态系统的恶化。

习近平总书记指出:生态文明是人类文明发展的历史趋势。以生态文明建设为引领,协调人与自然关系。要解决好工业文明带来的矛盾,把人类活动限制在生态环境能够承受的限度内,对山水林田湖草沙进行一体化保护和系统治理。生态文明是人类社会进步的重大成果。人类经历了原始文明、农业文明、工业文明,生态文明是工业文明发展到一定阶段的产物,是实现人与自然和谐发展的新要求。① 习近平总书记又指出:人因自然而生,人与自然是一种共生关系,对自然的伤害最终会伤及人类自身。只有尊重自然规律,才能有效防止在开发利用自然上走弯路。这个道理要铭记于心、落实于行。② 我们应按照习近平总书记的要求,在理论和实践中树立流域生态系统整体利益保护的立法价值观。

(三)立法理念偏离

法律制度必须有正确的理念指导才能符合时代发展的要求。长期以来,我国流域管理基本是以水为基点来制定法律和政策,忽视了流域自然—社会—经济复合生态系统的本质特征,没有从流域生态系统整体出发来考虑流域管理的立法问题。③ 尽管现行《水法》明确规定了流域管理机构按流域统一行使流域管理职责,《长江保护法》也加强了流域协同机制的构建,但是,《水法》《长江保护法》主要强调对流域水资源、水环境、水生态的管理,缺乏对流域自然、社会、经济复合生态系统的统筹考虑。在这种理念指导下,流域管理机构也注定只能是国务院水行政管理部门的派出机构,其管理职能只是水行政主管部门职能的延伸和授权,职能的单

---

① 黄承梁. 生态文明是人类文明发展的历史趋势[N]. 中国环境报,2021-10-15(03).
② 习近平. 深入理解新发展理念[J]. 求是,2019(10):4-16.
③ 吕忠梅. 关于制定《长江保护法》的法理思考[J]. 东方法学,2020(02):79-90.

一使其管理活动也只是处理流域生态系统中特定的、局部的生态系统功能，而不是考虑维护整个流域生态系统的发展、协调和持续。即使流域管理机构尽力维护整条流域的健康发展，其作为水行政部门的事业单位，这种尴尬的法律地位，也很难有效协调有关部门、地方的流域管理和保护事务。流域管理机构与地方、部门在管理职能上必然存在交叉、无序现象。流域上下游、干支流、左右岸的关系不能得到正确的处理，流域生态系统整体各要素的优化配置也不可能得到实现，最终导致流域管理的决策混乱、部门间权力配置冲突、流域生态环境恶化。流域生态系统整体管理理念的缺乏注定了现行有关流域管理制度构建中流域整体管理的制度缺失，如在流域规划制度方面，尽管现行《水法》也规定按全流域统一规划，区域规划服从流域规划，但是，现行流域规划仍然是以行政区为主来进行规划，偏重行政区域的社会经济发展，最终导致全流域统一规划形同虚设。另外，现行流域生态系统管理法律法规还缺乏一些必要的法律制度，如欠缺流域生态保护与修复一体化制度、不同层级流域管理机构的制衡机制等。流域管理相关法律制度的缺失直接妨碍流域生态系统管理法律法规的实施效果，在这种状况下，流域社会、经济、自然和谐发展的目标无法得到实现。

从本质上来说，理念指导着人们对流域管理立法的原则确立及制度构建，中国流域生态环境问题的出现，是现行流域管理立法理念背离流域生态系统本质特性所致。

第二节　中国流域生态系统管理法律制度构建的理论依据

任何制度的构建都需要有科学的理论支撑。只有在科学理论的指导下，制度建设才能准确地反映自然和社会发展的客观规律，制度才能有效地在实践中贯彻实施。流域复合生态系统的根本属性决定了流域生态系统管理法律制度的构建必须建立在多学科的理论基础之上，唯此才能保障流域生态系统管理法律制度设计和运行的科学性和有效性。

一、流域生态学：流域生态系统管理的科学基础

生态学是研究人与自然关系的基础学科。① 流域生态规律应当在流域生态学的基础上进行总结和提炼，从而为流域管理的制度构建奠定坚实的科学基础。

"流域生态学是一门新兴的交叉学科，它把整个流域作为一个系统，研究其自然、社会和经济等组件的结构和功能以及它们之间的相互作用。"②流域生态学的主要研究内容包括流域水文、流域湖沼、流域生态系统、流域景观、流域生态经济和流域生态系统管理等。水是流域自然、社会和经济复合系统结构和功能的重要组成部分，它支持着流域内的生命系统、非生命环境系统和社会经济系统的正常运转。水在原生环境和次生环境中，不仅以其化学成分和物理性质的变化影响生态系统，而且还可由其水量、水位、水力坡度和水压差等水动力学特性改变生态系统。地下水位和地表水量的变化不仅可以改变植物物种种类，减少生物多样性，使生物群落退化，改变土壤状况，导致土地盐渍化或沙化等，而且可同时诱发一系列诸如地面沉降、岩溶塌陷、滑坡和泥石流等环境灾害问题。因此，人们对水资源的不合理开发利用，必然引起流域生态系统的改变，导致生态环境问题的发生。流域生态系统结构功能和生态过程的变化都与水文过程相关联，流域生态系统管理的法律构建只有在对流域生态系统格局和过程的水文学机制深入了解的基础之上，才能作出合理有效的制度安排。③

流域生态学对流域生态系统结构和功能的研究是在两个层次上展开的：一是把整个流域作为一个水陆相互结合、相互作用的大系统，研究流域内不同子系统之间的物质能量流动规律；二是研究流域内各主要组成系统的结构和功能，如河流、湖泊、自然植被、农田、城市等，研究这些系统本身的物质和能量流动规律及其在流域整体中的作用。此外，流域生态

---

① 唐纳德·沃斯特.自然的经济体系：生态思想史[M].侯文蕙，译.北京：商务印书馆，1999：13.
② 陈求稳，欧阳志云.流域生态学及模型系统[J].生态学报，2005(05)：1184-1190.
③ 章光新，武瑶，吴燕锋，等.湿地生态水文学研究综述[J].水科学进展，2018(05)：737-749.

学针对流域生态系统的运行机理,在摸清流域生态系统各参数的基础上,对流域生态系统进行实验性的管理。

流域生态系统管理是流域生态学研究和应用的核心内容,它包括流域内水资源合理配置和水质保护等的水管理,以及水土保持、林业、土地等的管理,是在认识管理对象客观规律的基础上,结合社会经济发展,通过规划等政策措施,实现流域内生态、经济、社会效益的最大化。尽管流域在地理学上有明确的界限,但是,流域是一个开放的系统,与外界有着密切的联系与交流;流域内不同等级的组织之间,也存在着物质和能量的联系,正是这些物质和能量上的密切联系,使不同等级的组织构成了流域的整体结构。对流域局部的破坏,可以影响流域整体;而对流域局部的管控,有可能使流域的整体得到一定程度上的调节。因此,流域生态系统管理必须体现综合考虑、整体协调的理念。

流域生态学从分析流域生态系统结构属性的机理出发,展现了流域生态系统内部自然、社会、经济各要素紧密相连的整体性特征。它的研究打破了传统流域管理机械、狭隘的思想,为现代流域管理提供了崭新的思路与方法,并为流域生态系统管理的制度构建奠定了科学基础。[①] 尽管其理论和方法刚刚提出,但是流域生态学以生态学理论为指导,以流域为单元,作为整治环境、发展经济的指导,已经在国外取得了明显成效,如俄罗斯的伏尔加河流域、第聂伯河流域,美国的密西西比河流域、田纳西河流域,欧洲的莱茵河流域等,均在实践中有所建树。

二、系统论:流域生态系统管理的世界观和方法论

系统是由相互作用和相互依赖的若干组成部分结合成的具有特定功能的有机整体。系统论的基本原理包括以下几个方面。

(1) 整体性原理。系统整体功能大于部分之和,系统整体行为约束要素行为,要素行为受整体行为的控制。

(2) 相关性原理。要素之间、要素与系统、系统与环境之间相互联系、

---

① 江恩慧,王远见,田世民,等.流域系统科学初探[J].水利学报,2020,51(09):1026-1037.

相互影响、相互作用和相互制约。

（3）有序性原理。由于系统的结构、功能和层次的动态演变有其规律性，系统论把生物和生命现象的有序性和目的性同系统的结构稳定性联系起来，有序性能使系统结构趋于稳定，目的性能使系统结构更加稳定。

（4）层次性原理。系统具有不同的等级和层次，层次间相互联系、相互作用、相互转化。

（5）系统的反馈调节原理。系统通过输入、输出值来调节自身的结构和功能。

（6）系统的发展、演化和动态性原理。系统总是随时间不断发展演化的，发展使系统趋向稳定，演化使系统从一种稳定状态向另一种稳定状态过渡。

系统论的核心思想是系统的整体观念。系统论强调，任何系统都是一个有机的整体，而不是各个部分的机械组合或简单相加。系统中各要素不是孤立地存在着，每个要素在系统中都处于一定的位置，起着特定的作用；要素之间相互关联，构成了一个不可分割的整体；要素是整体中的要素，如果将要素从系统整体中分离出来，它将失去要素的作用。系统论反对那种认为要素性能好、整体性能一定好、以局部来说明整体的机械论的观点。

系统论的基本思想和方法就是把所研究和处理的对象当作一个不可分割的系统，分析系统的结构和功能，研究系统、要素、环境三者的相互关系和变动的规律性，从优化系统观点来看问题。"系统训练已经教会我们将世界看作不断显露的、动态的行为方式（如增长、衰退、振荡、超越）的集合。它还教会我们注意内在联系。我们把经济与环境看作一个系统，观察这个系统中会影响系统行为方式的存量、流量、反馈和阈值。"[①]环境伦理学中的生态整体主义就是一种系统理论，它把人类作为环境的一部分。该理论主张，这个环境应在整体上受到保护，包括一切

---

① 霍尔姆斯·罗尔斯顿. 环境伦理学——大自然的价值以及人对大自然的义务[M]. 杨通进，译. 北京：中国社会科学出版社，2000：48.

生命形式,而不考虑它们对人类的用处。该理论形成于20世纪,主要代表人物是利奥波德和罗尔斯顿。利奥波德明确提出了生态整体主义最基本的价值判断标准:当一个事物有助于保护生物共同体的和谐、稳定和美丽的时候,它就是正确的;当它走向反面时,就是错误的。利奥波德这一观点的提出,使人们对人与自然关系的考察和认识提升到整体的高度。罗尔斯顿坚持生态整体主义的研究,对生态整体观做了更全面、深入的论述。他强调把不破坏生态系统的稳定和动态平衡、保护物种的多样性作为最基本的价值判断标准,把生态系统的整体利益当作最高利益和终极目的。

生态整体主义的核心特征是对整体及其整体内部联系的强调,而不强调任何一个物种、小生物环境乃至子系统的重要性,主张以系统和谐与整体利益为出发点来考察包括人在内的自然万物的生存发展。"具有扩张能力的生物个体虽然推动着生态系统循环,但生态系统却限制着生物个体的这种扩张行为;生态系统的所有成员都有着足够的但却是受到限制的生存空间。系统从更高的组织层面来限制有机体(即使各个物种的发展目标都是最大限度地占有生存空间,直到被阻止为止)。系统的这种限制似乎比生物个体的扩张更值得称赞"。① 生态整体主义要求,人类行为活动应尊重生态系统及其内在的自然规律,以生态系统的整体利益和内在规律为尺度去衡量万物、衡量人类自己,约束人类的活动、需求和发展,使"所允许的选择都必须遵从生态规律"②。

生态整体主义主张,人们应当为了生态整体利益而限制超越生态系统承载能力的物质欲望、经济增长和生活消费。该理论认为,人类必须建立以生态系统"整体意识为基础的责任感",必须承担起"对生态系统的义务"——从最根本的意义上说,这种义务"是终极性的义务"③。但是,生态整体主义主张,限制人类的非基本需求和无节制的发展,目的是要确保人类在内的自然万物的持续存在和持续发展,保护自然生态系统的长远利

---

① 霍尔姆斯·罗尔斯顿.环境伦理学——大自然的价值以及人对大自然的义务[M].杨通进,译.北京:中国社会科学出版社,2000:221.
② 霍尔姆斯·罗尔斯顿.哲学走向荒野,刘耳,等译,吉林人民出版社,2000:16.
③ 霍尔姆斯·罗尔斯顿.环境伦理学——大自然的价值以及人对大自然的义务[M].杨通进,译.北京:中国社会科学出版社,2000:312.

益,而并非要人类退回到原始社会。

有人批评生态整体主义"破坏了对个体的尊重",是"生态极权主义"和"环境法西斯主义"①;认为生态整体主义侵犯了私人生活,颠覆了最基本的个人自由。这种批评仅仅关注个体、局部和短期利益,缺乏系统观念和全局思维,也忽视了生态系统的整体利益和人类整体的长远利益。

系统论的提出改变了人类以往割裂事物内在联系的思维模式,为现代流域管理的制度建设提供了有效的思维方法。生态整体主义的伦理思想在一定程度上为流域管理的法律构建提供了价值取向和理论基础。它要求,流域生态系统管理法律制度的构建应该从流域生态系统各要素相互联系的整体视角进行综合考虑,不能仅仅关注系统内某一要素的开发和改造,从而忽视其对整个流域生态系统的影响和效应。

三、外部性理论:流域生态系统管理的经济根源

流域生态环境问题归根结底是由流域内人们的经济活动造成的。在实际经济活动中,生产者或消费者的活动会给其他生产者或消费者带来非市场性的影响。其中,有益的影响称为外部经济性,或正外部性;有害的影响称为外部不经济性,或负外部性。美国经济学家丹尼尔·F.史普博对外部性的定义是:某种外部性是指两个当事人缺乏任何相关的经济交易的情况下,由一个当事人向另一个当事人提供的物品束。② 西方经济学著作经常以下列例子来说明外部性问题:在一条河流沿岸有两家企业,位于上游的 A 企业是纺织厂,位于下游的 B 企业是娱乐场。A 企业和 B 企业都需利用流域水资源,A 企业把未处理的污水直接排入河流,导致 B 企业收入的减少。A 企业的产量越大,流域污染就越严重,B 企业的收入就越少,最后可能导致 B 企业的倒闭。这种 A 企业给 B 企业带来不利影响的现象就是负外部性,也称外部不经济性。由此我们可以看出,外部性有两个明显的特征:一是它们必须伴随生产或消费活动才能产生;二是它

---

① 戴斯·贾丁斯.环境伦理学:环境哲学导论[M].林官明,杨爱民,译.北京:北京大学出版社,2002:220-221.

② 丹尼尔·F.史普博.管制与市场[M].余晖,何帆,钱家骏,等译.上海:汉语大词典出版社,2008:165.

们可能产生正面或负面的影响。就环境问题而言,外部性主要表现在生产和消费的外部不经济性上。①

流域公共物品属性使其对流域环境资源的保护向整个流域内的所有居民提供,谁也无权独享流域保护带来的益处,谁也不会因为自己从中受益,而使该流域其他人的收益下降。显然,由于流域环境资源属于公共物品,由市场来提供对流域环境资源的保护存在着诸多缺陷。首先,市场主体无法获得准确而充分的信息,影响了流域环境资源向最有效率的部门进行配置,无法做到流域环境资源配置的最大化。其次,市场不能有效地解决流域公共物品生产和利用问题,即需求与供给无法自动通过市场机制相互适应。因为流域公共物品具有不可分性和非排他性,每个消费者都想"搭便车"获取利益,私人便缺少生产和提供的动力,这就会造成流域公共物品无法达到社会需要的最佳状态,进而影响全流域社会经济的发展。再次,市场机制是从微观入手对流域进行调节的,如果完全由其自动运行,结果有可能偏离宏观目标。② 市场是以利益追求与激励机制作为最基本的手段来实现环境资源优化配置的。市场机制注重市场主体通过自身的理性追求利益最大化,但市场主体的理性是有限的,在环境资源的生态价值与经济价值共存的情况下,市场主体更偏向后者而忽视前者,或将前者作为实现后者的工具。基于对市场失灵的现实考虑,政府通过规制对流域进行统一管理,提供准确、及时、充分的环境信息等就成为必然的选择。之所以要求政府承担起这些责任,是因为政府具有管理公共物品的巨大优势,它有权强制公民为公共物品的使用付费。由于流域环境资源属于公共物品,没有明确的产权,流域内的每个人都可以根据自己的费用效益原则使用它,这就造成了流域的开放性使用和流域资源的非竞争性使用,流域环境资源的开发利用就有了外部性,尤其表现为负外部性,最典型的情况是流域内个体对流域资源的争相掠夺和对环境的随意污染。流域管理中政府行使权力也具有外部性,其表现在以下两个方面:一

---

① 汪劲.环境法律的理念与价值追求——环境立法目的论[M].北京:法律出版社,2000:165.
② 吕忠梅.超越与保守——可持续发展视野下的环境法创新[M].北京:法律出版社,2003:216.

是区域之间流域开发利用政策的外部性。由于流域的边界与行政边界不一致,不同区域的政府对本地区的流域都有管理权,因此相应地制定了各自的流域环境资源开发利用、管理规划和政策。二是部门之间流域开发政策的外部性。由于在流域开发利用和保护方面拥有管理权限的部门较多,如果没有一个专门的权威机构对流域进行统一管理,在流域管理活动中就会产生部门之间相互争权、相互推诿、相互扯皮、各行其是的现象。

针对公共物品理论存在的困境,从经济学的角度一般从以下三个方面进行制度破解。

(1)制度区域规则。具有竞争性和非排他性的公共自然资源往往存在"过度使用"问题,从而导致"公地悲剧"的出现。但是,美国学者埃莉诺·奥斯特罗姆发现,并非所有的公地都出现过度使用的问题。她通过案例研究发现,每一个案例都对应一套规则,如高山草场的伐木与保护规则、韦尔塔的用水规则、地下水的开采规则、渔场的作业规则等。这些规则还有一系列的保障措施、惩罚措施、部落规则等的支撑。虽然这些规则非常脆弱,但对于重构当地区域的制度供给体系,形成公共池塘资源高效、合理、可持续的发展格局具有重要价值。因此,奥斯特罗姆主张从共有资源的占用和供给现状入手,多层次地分析区域的制度结构,在正式和非正式的集体选择中明确共有资源的操作细则。①

(2)政府管制。第二次世界大战以后,凯恩斯的国家干预经济学说取代了斯密的经济自由主义学说。许多国家把凯恩斯的理论作为制定经济政策的依据,从自由放任转到国家干预经济的轨道上来,②通过政府这只"看得见的手"弥补市场机制这只"看不见的手"的缺陷。经济学家认为,环境污染的管理手段一般有直接管制方法和宏观调控方法两大类。所谓政府直接管制,就是指有关行政当局根据相关法律、法规和标准等,直接规定当事人产生外部不经济的允许数量及其方式。政府直接管制可以是对污染物的排放浓度或排放量直接进行控制,也可以是对生产的原材料和能源投入的前端过程进行控制。政府管制手段在世界各国环境保护政

---

① 埃莉诺·奥斯特罗姆.公共事物的治理之道——集体行动制度的演进[M].余逊达,陈旭东,译.上海:上海三联书店,2000:152.
② 孙桂娟,殷晓彦,孙相云,等.低碳经济概论[M].济南:山东人民出版社,2010:86-97.

策实践中一直占主导地位,因为管制手段是运用政府强制力对经济主体的活动进行控制,其在执行效果方面具有较大的确定性,但也存在效率不高的缺陷。

（3）采取经济手段进行调控。面对市场失灵以及公共物品政府管制的低效或无效,政府通过经济手段进行宏观调控,成为市场经济条件下克服公共物品困境的另一重要手段。例如,经济学家庇古就主张使用税收的方法来迫使经济主体实现外部性的内部化。当一个经济主体产生一种外部社会成本时,应该对它施加一项税收,该税收等于其生产每一连续单位的产出所造成的损害,即税收应恰好等于边际损害成本,从而使经济主体的私人成本等于社会成本。除了使用税收的方法,政府还可以对产生正外部性作用的生产和消费方式进行补贴以弥补其边际收益,从而鼓励产出量扩大到社会最大效率的水平。庇古税的基本原则与现行所倡导的"污染者付费原则"是一致的,因此,征收污染税是目前采纳的一项最普遍的控污措施。但在实践中,这种征收污染税模式的应用也具有一定的局限性：一方面由于信息不对称,最优税（费）率难以确定；另一方面由于管理成本较高,对所有污染者进行有效的监督和准确的计算并核收税（费）难度大、成本高。又如,以科斯为首的一些经济学家主张在外部性的内部化过程中,政府应当做的只是重组产权而不是直接干预市场。只要设计了适当的产权,就可以靠有关当事人的自愿协商或判断解决外部性问题。随着20世纪70年代环境问题的日益加剧,科斯理论被投入实际应用之中,排污权交易制度就是科斯理论的一个成功运用。

随着人们对生态环境保护认识的深化,生态经济作为一种新的经济发展模式或经济形态日益被人们所接受。生态经济把经济发展建立在追求人与环境共生共荣、协同进步的基础上,强调在经济活动中节约资源和保护环境的必要性和重要性。① 生态经济改变了工业经济时代的人类在经济活动中盲目地掠夺和危害自然的经济思想和经济实践,要求人类通过主动、自觉地协调经济与环境的关系来实现经济、社会和自然的全面发展。

---

① 周小亮.包容性绿色发展：理论阐释与制度支撑体系[J].学术月刊,2020(11)：41-54.

在生态经济时代,所有产业都必须成为生态产业、环保产业或绿色产业。经济活动对生态环境是一种正外部性影响,经济发展与地球生态系统的整体结构、功能和演变规律相协调。人类经济活动朝着有利于维护地球生态系统的整体结构、整体功能及整体演变规律的方向发展。

生态经济理论的产生和发展极大拓展了流域管理的空间和视野,为传统以"水"为基点的流域管理模式面临的窘境指明了出路与方向,也直接推动了流域生态系统管理立法思路的形成和发展。生态经济理论要求,流域管理的制度设计应把流域内人们的经济活动纳入流域生态系统内统一考虑;并强调在客观认识生态经济规律的基础上,把流域经济发展与生态环境保护统一起来,既保持全流域的经济增长,又保持流域生态环境的稳定与安全,力求流域自然、社会、经济的协同发展。

四、流域公共利益:流域生态系统管理的制度动因

早在古希腊时期,亚里士多德就认为,国家目的是实现"最高的善",这种最高的善在现实社会的物化形式即公益。他认为,"凡照顾到公益的各种政体就都是正当或正宗的政体;而那些只照顾统治者们利益的政体就都是错误的政体或正宗政体的变态。"[①]自由资本主义时期,自然法学派进一步深化了公益理论。该学派认为,人们缔结了社会契约,建立了共同体(政府),这种"合意"或"公意"便具有了独立地位,就形成了社会成员的共同利益,即"公益"。目前,学界从许多方面对公益的概念进行界定。德国学者洛厚德在其《公益与行政法的公共诉讼》一文中提出"地域基础"理论,将一定的地域空间作为界定"人群"的标准,将"公益"界定为"相对空间内关系人数的大多数人"的利益。[②]诺伊曼将"公益"分为两种:一种是主观的公益,即基于"文化关系"形成的利益;另一种是客观的公益,即基于国家目的和任务而形成的公益。在判断何为国家目的和任务时,必须考虑当时社会的文化关系。[③]更多的思想家试图从整体上宏观地

---

① 亚里士多德.亚里士多德选集 政治学卷[M].颜一,编.北京:中国人民大学出版社,1999:234.
② 陈新民.宪法基本权利之基本理论(上)[M].台北:元照出版公司,2002:132.
③ 陈新民.宪法基本权利之基本理论(上)[M].台北:元照出版公司,2002:337.

认识公益。社会功利主义学派代表边沁认为,公益并不是独立于个人利益的特殊利益,而是"组成共同体的若干成员的利益的总和",国家的目的就是最大限度地促进公益,实现社会"最大多数人的最大幸福"。① 阿尔弗雷德·弗德罗斯则认为,公益既不是单个人利益的总和,也不是人类的整体利益,而是一个社会通过个人的合作而生产出来的事物价值的总和。② 美国学者博登海默更深刻地揭示了公益对于公共权力的制约作用,他认为,公益是在分配和行使个人权利时绝不可以超越的外部界限,否则全体国民就会蒙受严重损失。③ 英国的自由主义学者哈耶克认为,公益只能定义为"一种抽象的秩序,作为一个整体,它不指向任何特定的具体目标,而是仅仅提供最佳渠道,使无论哪个成员都可以将自己的知识用于自己的目的"。④

显然,公益是一种普遍的、共同的利益,国家是具有这种特性的唯一的组织力量。一般认为,民主国家的公益是由人民授权的民主政府代表通过一系列具体的政策而致力实现的。因此,对政府来说,如同领导的作用一样,决策应建立一种对一般公益的责任。⑤ 政府这种凌驾于社会之上的力量存在的正当理由就是服务于全社会的公益。政府决策作为现代政府权威性地分配社会利益、解决社会公共问题、实现社会公益的主要手段,其必须以社会公益作为决策的出发点和最终的归宿;维护和增进社会公益,是政府决策的最高约束性义务和责任。为了实现这一目标,政府在制定公共政策时,必须反映、表达和符合绝大多数人的利益,满足绝大多数人的利益需要。公益是政府决策的基本原则。如果不坚持公益原则,政府决策就会失去存在的必要性。

公共物品具有非盈利性、非竞争性、非排他性等特点。因此,公共物

---

① 边沁.道德与立法原理导论[M].时殷弘,译.北京:商务印书馆,2009:57.
② E.博登海默.法理学——法律哲学与法律方法[M].邓正来,译.北京:中国政法大学出版社,1999:345.
③ E.博登海默.法理学——法律哲学与法律方法[M].邓正来,译.北京:中国政法大学出版社,1999:316.
④ 弗里德里希·冯·哈耶克.经济、科学与政治 哈耶克思想精粹[M].冯克利,译.南京:江苏人民出版社,2000:393.
⑤ 斯蒂尔曼.公共行政学——观点和案例(上)[M].李方,等,译.北京:中国社会科学出版社,1988:98.

品是公益性的外在表现形式。

流域环境资源是典型的公共物品,其具有不可分割的外部消费效果。同时,流域因其明显的地理边界而形成了一个区域共同体,在这个共同体中,每个流域中的个体都可以有自己的特殊利益,它们各自的利益也可能相冲突,但不管这种不一致有多么突出,都无法抹杀流域公益的存在。流域环境资源是流域内人们共同共有的财富,流域生态系统的良性发展支撑着流域内所有主体的基本生活。然而,一旦流域生态系统失衡,流域环境恶化、资源耗竭,流域内的所有主体都会面临生存和发展的危机。

流域内环境资源公共物品的性质和公益的一致性决定了有关流域环境资源的决策都必须以流域公益的维护为根本出发点。流域管理机构作为流域公益的代表者,应以流域公益保护为己任,协调流域内不同主体的利益关系,尽可能地维护和保障全流域的共同利益。

第三节 中国流域生态系统管理法律制度构建的理论创新

流域是一个利益关系复杂的复合生态系统,存在着各种利益关系。法律作为一种社会控制调节器,其本身就是各种利益冲突的结果。流域生态系统管理法律制度作为保障流域生态系统管理有效实施的一项制度安排,必须在流域生态系统中的不同利益主体之间维持一种整体平衡,以保持流域自然和社会经济的有序状态。基于流域生态系统的结构和功能特征,以及流域生态系统管理理论的理念和方法要求,中国流域生态系统管理法律制度应从立法理念、立法价值、立法模式三个方面进行理论创新。

一、流域空间系统治理的立法理念

为保障立法目的的实现,流域生态系统管理法律制度应在正确立法理念的指导下进行优化设计。

一个良好的流域生态系统应该保持流域内经济、社会与自然的和谐与平衡。若流域生态系统失衡,就会出现环境恶化、资源耗竭的现象,最终阻碍流域社会和经济的发展。流域从发源地流经不同地区,流域的生态环境问题并不是单纯的自然环境或社会发展问题,而是由各种复杂的自然因素与人际关系综合在一起的复合生态系统调控问题。传统流域管理的法律制度以流域水资源管理理念为指导,没有从流域生态系统整体考虑进行立法,这种立法模式割裂了流域内环境资源、社会经济各要素的内在联系,不能保障流域社会、经济、自然的和谐发展。因此,"我们需要一种新的世界观———一种整体论的、不滥用自然资源的、在生态学上合理的、长期的、综合的、爱好和平的、人道的、合作的世界观来指导流域的立法实践"。①

习近平生态文明思想为流域生态系统管理法律制度构建提供了指南。党的十八大以来,以习近平同志为核心的党中央把生态文明建设摆在全局工作的突出位置,全面加强生态文明建设,一体化治理山水林田湖草沙,开展了一系列根本性、开创性、长远性工作,决心之大、力度之大、成效之大前所未有,生态文明建设从认识到实践都发生了历史性、转折性、全局性的变化。②

2019年9月18日,习近平总书记在郑州主持召开黄河流域生态系统保护和高质量发展座谈会上发表重要讲话,强调要坚持山水林田湖草综合治理、系统治理、源头治理,统筹推进各项工作,加强协同配合,推动黄河流域高质量发展。③

流域生态系统管理法律制度应以习近平生态文明思想为指导,尊重流域上中下游、左右岸、干支流的地理空间布局,以空间系统治理的思维模式来设计其制度框架。系统思维是指从系统观点出发,从系统与元素、系统与环境、元素与元素、结构与功能的诸多关联中,揭示客观对象的系统性质及其演化规律,从而实现多方位、多层次且最有效、最优化处理问题的一种思维方式。系统思维的一个基本原则就是整体性原则。它是建立在系统固有的结构整体性、功能整体性以及两者共同构成的系统整体

---

① 拉塞尔.觉醒的地球[M].王国政,等,译.北京:东方出版社,1991:120.
② 习近平.努力建设人与自然和谐共生的现代化[J].求是,2022(11):4-9.
③ 习近平.在黄河流域生态保护和高质量发展座谈会上的讲话[J].求是,2019(20):4-11.

性的客观现实基础上的。系统思维要求，流域生态系统管理法律制度应摒弃过去割裂流域环境资源各要素的单一立法模式，以流域生态系统整体保护为出发点进行立法；从流域生态系统与外界环境保持着物质、能量与信息联系的角度去认识流域生态系统。这就要求流域生态系统管理法律制度不应仅单纯关注流域内的水、土、气等环境资源要素的保护，而更要关注外界因素对流域生态环境的影响，要把流域内有关经济、社会问题也纳入流域生态系统管理法律制度的范围，只有这样，才能有效实现对流域生态环境的保护。

流域空间系统治理理念要求，相关制度的构建应综合考虑流域中水、土、植被、森林、矿藏、生物等多种自然因子之间的联系和制约关系，综合考虑流域内人类社会经济、文化等活动对流域生态系统的影响，对影响流域生态系统的事项做出规定。然而，哪些是对流域生态系统具有重大影响的事项呢？水是流域构成的核心因子，没有水，也就无所谓流域。因此，对水的保护和管理是流域生态系统管理法律制度的重要组成部分，对水的保护包括流域水污染防治、水量分配、水土保持、防洪等。除了水，其他流域内资源要素，如森林、草原、渔业、湿地等对流域生态系统的维护也具有关键的意义。流域生态系统管理法律制度应该从维护整个流域生态系统的角度对这些流域资源的开发利用进行统一的规定。同时，生态环境问题实际上是一个经济问题，人们对经济增长的过度欲求和不合理的经济增长与消费模式直接导致了流域生态环境的破坏。"现代公害从根本上说，是伴随人类活动的物理性扩大不可避免的现象，但同时也不能忽视现代产业社会制度机制成为促进公害扩大的强有力的社会性因素的事实。现代社会中的企业，只基于企业内部的收益计算，把最大限度地获取收益作为自己的活动目标。企业家从未考虑过企业活动波及企业外的负面影响即社会费用的问题。"[1]因此，流域生态系统管理法律制度也应该对人们的经济行为进行规范，从全流域角度平衡流域经济发展与生态环境保护的关系。另外，文化建设担负着构建流域生态保护和经济社会发展精神内核的重任。每一流域内的居民都有明晰的文化性格特征，尤其黄

---

[1] 原田尚彦.环境法[M].于敏,译.北京：法律出版社,1999：11.

河、长江流域文化是中华文化的重要组成部分。法治中国也隐含着如何将现代法治本土化、民族化的问题。以法传承、弘扬流域文化对丰富我国法治内涵,促进流域自然、经济和社会发展具有重要意义。

二、保障流域整体利益的立法价值

"法律的作用是促进人类价值的实现。"[①]目前,我国的流域资源环境危机实际上是人们价值危机的一种表现。因此,流域生态系统管理法律制度必须先确立一种价值标准,并以此指导构建流域生态系统管理法律制度。

法律所追求的目标并不是单一的:既有阶段性目标,也有终极性理想;既有直接目标,也有间接目标。因此,法律的价值也不应是单一的,而应当具有多个不同的层次。它们既相互联系和渗透,也相互矛盾和冲突,从而构成一个复杂而统一的价值体系。

流域生态系统管理法律制度的构建同样存在多个价值目标,考察其价值体系时,必须先抓住关键的方面,也就是说,必须要先关注其根本价值,并以此为导向,为构建流域生态系统管理法律制度理论体系的整体结构打下坚实的基础,在立法活动中更好地把握其立法的基本原则和导向,在司法活动中践行这一根本价值。

流域生态系统管理法律制度的根本价值是什么呢?所谓根本,也就是事物的本质属性。一个事物的本质属性,对于该事物来说,是其独立于其他事物的核心要素;对于他事物来说,是事物之间相互区别的根本性特征。法的根本价值是该法区别于他法的独特属性,是法律从制定到实施所努力追求的目标。

目前,学者们在论及流域立法的一般价值时,基本上是从公平、正义、安全、秩序、效率等方面考量;也有学者认为,长江流域立法应当遵循安全、公平、可持续发展的价值取向。[②]流域生态系统管理法律制度的设计和构建固然要遵循这些共同的法律价值,但是,流域生态系统的整体性和脆弱性决定了流域生态系统管理法律制度在价值取向上必然具有自身的

---

① E.博登海默.法理学——法律哲学与法律方法[M].邓正来,译.北京:中国政法大学出版社,1999:1.

② 吕忠梅.长江流域立法研究[M].北京:法律出版社,2021:92-93.

特性,这种特性就构成了流域生态系统管理法律制度的根本价值或终极价值。

流域生态系统最根本的特性就是它的整体性和相互依存性。流域上中下游、左右岸、干支流是一个不可分割的整体;流域内的水体、土地、矿藏、森林等自然资源共同影响流域生态系统的运行和发展;流域自然生态系统的良性发展是流域内人们生存和繁衍的先决条件,流域内人们的社会经济活动又直接决定了流域自然生态系统的运行状况。

然而,随着流域社会经济的发展、人口的不断增长以及人类的需求的日益扩张,流域的整体性已经被人为打破和割裂,各流域主体不顾流域生态系统的整体阈值限制,为了自身的利益争相对流域环境和资源进行无度掠夺和盘剥,导致流域环境和资源的承载极限被打破,优美环境遭到破坏,丰富资源濒临枯竭。人类为流域环境和资源而互相争斗、互相残杀的可怕局面已经在世界许多地方出现,如伊拉克和叙利亚、巴西和阿根廷之间爆发的抢水战争就是典型的例证。

事实证明,人类对流域环境和资源有着无法更改的依赖性,然而,流域环境资源的有限承载力要求人们必须从流域生态系统的整体性出发,恰当处理社会经济发展与流域环境资源持续利用之间的矛盾,建立一种流域自然、社会、经济和谐发展的模式。另外,流域环境、资源的存在和演化有其自身的发展规律,不是以人的意志为转移的。人类作为自然大家庭中的一员,作为流域环境和资源的开发者和利用者,有责任和义务尊重流域的生态阈值,谨慎开发利用流域环境和资源,合理构建与流域生态环境的维护相适应的社会经济发展模式,以达到流域生态系统的和谐与平衡运行。这不仅要求人类经济和社会的发展不能超过流域环境和资源的实际承载能力,而且也要求人类必须正确处理眼前利益和长远利益的关系,不以牺牲子孙后代的环境和资源利益为代价来满足当代人的发展需要。

法律产生的根源在于一定历史时期的需求,主要是生产力发展的需求。这种需求总是体现为上层建筑对某种关系保护的需要,并总是以某种利益的形式出现。因此,法律的实质是利益法,即安排各种利益的制度。赫克曾指出,法的每个命令都决定着一种利益的冲突;法起源于对立

第四章　中国流域生态系统管理法律制度构建的理论选择

利益的斗争。法的最高任务是平衡利益。因此,"利益—法律体系"可视为"经济基础—上层建筑"的缩影。不同时期的不同利益需求,造就了不同的法律部门,并决定着其特有的调整对象和方法。

因此,流域生态系统管理法律制度必须要平衡协调流域内的各种利益关系,以维护流域整体生态系统的平衡与稳定、保障流域整体利益实现为己任。传统法律的一般价值取向鲜少从整体、全局的视野来把握流域人类社会系统与自然系统的利益整合,不能有效保障流域生态系统的健康发展;流域管理的法律构建只有从流域生态系统整体利益出发,重新审视人类社会系统与自然系统的关系,形成两者的良性互动与和谐发展,才能保障流域生态系统的良性运行。基于此,流域生态系统管理法律制度必须坚持从流域生态系统整体出发,把实现流域整体利益作为终极目标和根本价值,只有这样才能切实维护流域生态系统整体健康与安全,实现流域自然、社会、经济的和谐发展。

目前,学界对整体利益的含义有不同的理解。

第一种理解是,整体利益是个人利益之和。个人主义者和自由主义者从自己所持的社会观出发,他们认为,个人是唯一真实的存在者,社会只是个人的总和。正因如此,个人利益就是唯一真实的利益,共同利益在其实质上只是个人利益。"个体追求各种各样的善,结成共同体来达到其特殊目的和创立特殊的活动形式。在这样追求的善中,没有一种能作为压倒其他任何要求的东西来对待。"[1]当然,他们也承认存在着不同于私人利益的公益。但是个体主义者却认为,作为公益载体的国家或者公众家庭并不是一个共同体,而是一个活动场所。在这个场所中,除了讨价还价,没有什么规范性的规则可以界定共同的利益[2]。每个人及其权利都拥有一种基于正义的不可侵犯性,这种不可侵犯性即使以社会整体利益之名也不能逾越[3]。由此可见,个人主义者、自由主义者将整体利益定位于个人利益之上。

---

[1] 阿拉斯戴尔·麦金太尔. 谁之正义? 何种合理性? [M]. 万俊人,等,译. 北京:当代中国出版社,1996:454.
[2] 丹尼尔·贝尔. 资本主义文化矛盾[M]. 赵一凡,等,译. 北京:生活·读书·新知三联书店,1989:316.
[3] 罗尔斯. 正义论[M]. 何怀宏,等,译. 北京:中国社会科学出版社,1988:1.

第二种理解是,整体利益是一种"公益"。卢梭认为,人是社会的人,每个人都是依赖于社会关系而存在的。作为社会的人,每个人都将自己看作一个更大的整体的一部分,这个个人就以一定的方式从整体里获得自己的生命与存在。① 每个人之所以能够"从整体里获得自己的生命与存在",是因为其订立了这样一条社会公约:我们每个人都以其自身及其全部的力量共同置于公意的最高指导之下,并且我们在共同体中接纳每一个成员作为全体之不可分割的一部分。② "公意"就是公共意志,它既不同于倾向于个人利益的"私意"(即个别意志),又不同于倾向于特殊利益的"众意"(即团体意志),而是倾向于公益的,是整体利益的代表。众意与公意之间经常总有很大的差别,公意只着眼于公共的利益,而众意则着眼于私人利益,众意只是个别意志的总和。但是,除掉这些个别意志间正负相抵消的部分,则剩下的总和仍然是公意。因此,卢梭主张的整体利益既不与个人利益根本对立,也不是所有个人利益的总和,而是使所有个人结合起来,组成道德共同体,一起维护社会生活中的共同利益。在这个共同体中,个人意志必须服从公共意志,个人利益必须服从整体利益。如果有人不服从,那么,全体就要迫使他服从,只有这样,公共意志才能得以实现。"为了使社会公约不至于成为一纸空文,它就默契地包含着这样一种规定——唯有这一规定才能使其他规定具有力量——任何人拒不服从公意的,全体就要迫使他服从公意。这恰好就是说,人们要迫使他自由。"③

第三种理解是,整体利益是共同体的利益。共同体主义者认为,个人是生活于共同体之中的,是以共同体的成员身份而存在的。共同体是多种多样的,它的多样性是由多样的历史和文化所决定的。每一种历史和文化都意味着共同体所选择的特殊的生活方式,这种生活方式就是共同体的所有成员对美好生活的理解。无可争辩的事实是,今天的社会成为包含不止一个文化共同体的多元文化社会,这些共同体全都要求保存其自身的特性。共同体的特性和生活方式被共同体主义者视为整体利益。这种整体利益是每一个共同体成员所认同的,它基于共同体成员们的共

---

① 卢梭.社会契约论[M].何兆武译.北京:商务印书馆,2005:50.
② 卢梭.社会契约论[M].何兆武译.北京:商务印书馆,2005:20.
③ 卢梭.社会契约论[M].何兆武译.北京:商务印书馆,2005:24.

同需要而形成,同时又表现着共同体成员们的共同需要和一致偏好。就此而言,共同体成员的个人利益是与共同体的整体利益结合在一起的,而且,某一成员的个人利益也是与其他成员的个人利益相一致的,他所追求的利益非个人所有,而是大家共同拥有。

流域因其不可分割的地理单元和历史文化的共同性,组成了一个特殊的共同体。该共同体的所有成员都依赖该共同体的整体利益,从该共同体中获得支撑其生命存在的基本条件。流域整体利益不是个体利益的简单相加,而是大于个体利益之和,流域个体利益必须服从整体利益,以流域整体利益最大化为根本原则。需要指出的是,流域整体利益是流域内人类社会整体利益与自然生态整体利益的有机统一。流域是一个庞大的自然、社会、经济复合生态系统,在这个庞大复杂的系统内,其物质循环和能量流动依循固有的规律周而复始地进行着,任何一个环节受到破坏,整个流域生态系统就会失去平衡。流域自然生态系统是流域内人们经济社会发展的前提条件,如果流域自然生态系统遭到破坏,流域社会经济生活就失去了依托和基础。因此,流域人类社会整体利益的实现必须以流域自然生态系统的安全保障为前提。目前,许多学者主张自然的权利和利益保障,如著名伦理学家纳什在《大自然的权利》一书中写道:人类的利益与生态系统的利益是一致的,判断善恶的标准不在乎于个体,而在乎于整个生命共同体,自然具有与人类同样明确且值得敬畏的权利。[1] 尽管这种自然的权利在法律上的可适性还有待于进一步商榷,但其为了人类自身的利益而必须要尊重自然的思想,是人类自身求得长期发展的必要条件。因此,流域生态系统管理法律制度所追求的根本目标——流域生态系统整体利益,是流域社会经济利益与自然利益的和谐统一,流域管理的立法原则和制度构建都必须从流域生态系统整体利益出发,统筹兼顾人类社会的整体利益与自然生态的整体利益,使两者达到和谐统一、共同发展。该制度目标也正是我国长江经济带发展和黄河流域生态保护和高质量发展重大国家战略的根本要求。

---

[1] 罗德里克·弗雷泽·纳什.大自然的权利:环境伦理学史[M].杨通进,译.青岛:青岛出版社,2005:3.

法律对流域整体利益的分配,先要确定流域的利益主体。流域利益主体应该由流域内个体利益与整体利益两方面构成。整体利益并不直接表现为个体利益,但包含了个体利益,应当说是个体利益的间接形态;整体利益并不是个体利益的简单合成,两者具有内在的一致性;整体利益与个体利益的有机统一,构成了流域生态系统中整体秩序与个体自由的均衡。正如 E.博登海默所说的,正义"要求给予人们的自由、平等和安全在最大程度上与公共福利相一致"。① 因此,流域个体利益主体与由个体集合而成的共同体利益主体缺一不可,法律只有对两者都加以确定,才能保证流域个体利益与整体利益的有机统一,才能实现个体自由与流域整体秩序的均衡。然而,流域的特性要求流域生态系统管理法律制度应该在流域整体利益的基础上确定流域个体的利益,并要确保平等对待流域内每一个体。

法律通过规定流域内个体的法定义务而确认并保障流域共同体整体利益的实现。这种法定义务有两种形态:一是个体的消极义务。禁止权利滥用是公民消极义务的最为抽象与典型的表现,以此避免个体利益之间、个体利益与整体利益之间的冲突而导致流域生态系统的失衡;二是个体的积极义务,即以流域内个体成员的积极作为(如承担赋税等)实现流域整体利益。

利益客体即流域整体利益所指向的对象。在法学意义上,利益客体被界定为"社会在其运行、发展过程中,或行为主体在其活动中为了实现自身目的所需要具备或可资利用的一切条件"。② 流域整体利益的客体是流域生态系统的全部要素,包括流域环境资源、社会、经济各要素。

主体需要与作为客观对象的资源之间的中介因素只能是行为,只有行为才能使主、客体间存在现实的和具体的关联。作为流域整体利益要素的行为有两类:一是利益主体对既有资源的占有与支配;二是利益主体对所期望资源的竞逐。流域生态系统管理法律制度通过四种途径来实现对行为的控制:一是确认主体对既有资源的占有与支配;二是确认主体对

---

① E.博登海默.法理学——法律哲学与法律方法[M].邓正来,译.北京:中国政法大学出版社,1999:281.
② 林喆.权力、资源与分配——平等分配问题的法哲学思考[J].法学研究,1996(02):48-56.

特定资源的竞逐并做出相应的平衡;三是禁止主体对特定资源的支配或竞逐并做相应的平衡;四是对侵权行为设置相应的否定性法律后果以使因侵权而失衡的利益重新处于平衡状态。

三、"综合＋专门"调整的立法模式

作为流域生态系统管理法律制度构建的前提与载体,不同的立法模式在不同程度上直接影响流域生态系统管理制度构建的内容和实施效果。立法模式是指立法的架构形式。流域管理采取什么样的立法形式和架构方式,并非仅仅是立法形式的精心设计,而是通过体系的安排,反映法律对流域管理的期望价值和政策走向。

我国流域众多,流域面积广阔,以流域为单元进行生态系统管理是保障我国经济社会和谐发展的必然选择。鉴于我国目前的国情,根据现行法律法规发展现状,我国流域生态系统管理制度可采取"综合＋专门"的立法模式,具体论述如下。

(一) 在环境资源保护基本法中规定增加以流域为自然单元的生态系统管理范式

长期以来,作为公共物品的环境资源由地方政府负责,已经在理论与实践中得到认可。2014年,我国修订的《环境保护法》第六条明确规定,地方各级人民政府应当对本行政区域的环境质量负责。同时,我国出台了一系列法规政策来规范地方政府环境资源保护的责任和权力,如《党政领导干部生态环境损害责任追究办法(试行)》《领导干部自然资源资产离任审计规定(试行)》《生态环境损害赔偿制度改革方案》等,这些规定对促进地方政府有效保护区域环境资源有着积极的意义。另外,2015年修正的《中华人民共和国立法法》第七十二条规定,设区的市人民代表大会及其常务委员会根据本市的具体情况和实际需要,在不与宪法、法律、行政法规和本省、自治区的地方性法规相抵触的前提下,可以对城乡建设与管理、环境保护、历史文化保护等方面的事项制定地方性法规,法律对设区的市制定地方性法规的事项另有规定的,从其规定。之后,全国各地出台了大批有关环境资源保护的地方性法规。目前我国已经形成了相对成熟的区域生态环境资源保护法律规范体系。

然而,生态环境本身具有整体性的特点,环境污染和资源破坏经常跨区域发生。目前,许多学者主张综合生态系统管理法律规制的理念。① 综合生态管理法律规制要求,环境资源保护应当尊重生态系统的整体性特征,打破以行政单元为基础的管理模式,以自然生态系统单元进行管理和规制。国外有些国家已经打破区域限制,以流域为单元制定自然资源法,如新西兰《资源管理法》就规定以流域为单元统一管理自然资源。

为了充分尊重生态系统的整体性,中国的环境保护法律可以在以区域环境资源保护为基本单元的基础之上,增加以流域为单元的环境资源保护模式。目前,我国已经出台了生态环境保护的基本法——《环境保护法》,其具体路径在《环境保护法》相关法条中可以明确规定:流域内各地方的生态环境保护及资源管理法律规范应当配合服从流域的整体安排,不得与流域整体性法律法规相违背;环境保护与资源管理相关规划的内容应当与流域规划相衔接。区域之间应当加强协调与合作,建立信息和数据共享机制和技术平台,构建有效的跨行政区环境处理机制。

但是,我国目前还缺乏自然资源管理的基本法律,难以适应新时代习近平总书记提出的打造山水林田湖草沙生命共同体和坚持用最严格制度最严密法治保护生态环境的治理要求。因此,我国有必要出台一部统一的自然资源管理法,以流域为单元统一规范山水林田湖草沙等相关自然资源要素。

鉴于环境资源的基本法是综合的、原则性的法律规范,其不能具体规定流域内环境资源管理的协调合作框架及职能划分,流域内生态系统的维护和协调仍然需要一部综合性的流域生态系统管理基本法。

(二)出台流域生态系统管理法并将其上升为流域基本法

因为规范流域的大部分水法是基于全国范围制定的,有必要把流域作为特定管理的范围,针对流域而制定专门的法律框架。分割流域各资源要素的单一立法模式正受到学界的批评。比如美国水法和水政策存在着几种很大的分割性……鉴于这些分割的深度和广度,美国水法与水政策

---

① 杜群.规范语境下综合生态管理的概念和基本原则[J].哈尔滨工业大学学报(社会科学版),2015(04):19-28.

的分割性质遭到如此频繁的批评也就不足为奇了。① 鉴于流域生态系统独特的结构和功能,以及我国现行各单行法律法规对流域管理的困境,我国制定一部综合性的流域生态系统管理法是十分必要的。

1. 出台流域生态系统管理法的必要性与可行性

我国目前有七大流域,尽管各流域都有其不可替代的战略位置,各河流长度不同,流域面积不一,流经省份不同,流域地理位置不同,各流域都有特别的自然地理和气候特征,但是,各流域需要用法律加以调整的社会关系基本是相同的。诸多的自然因素与社会因素的差异,也会使得各流域迫切需要解决的问题有所不同。例如,黄河流域水土流失问题严重,海河、淮河流域可能水污染的问题显得更为突出,但现在没有出现的或者还不是很严重的问题并不意味着将来不会出现或变得不严重;黄河流域需要以防治水土流失为重点并不代表黄河就不需要防洪,就不需要污染防治,同样,长江流域及其他流域需要解决或预防的问题也很多。流域本身是地表水及地下水分水线所包围的集水区域的统称,其共同性是远远大于差异性的,在没有找出本质的差异或者要调整的社会关系的不同点之前,如果非要对各个流域单独立法,其结果可能是立法内容大同小异,只是之前流域法的翻版。② 这种立法模式不仅立法成本很高,而且违背了立法的协调统一性原则。罗马尼亚的《立法技术总方法》第四条第一款规定了立法要坚持法制统一和法体系的协调一致,每一项规范性文件草案都必须同与其有关的其他规范性文件相一致,并成为整个立法体系的有机组成部分;其第二款规定,对于一定活动领域的同一类社会关系,通常应以一项规范性文件加以规定,以避免分散规定。因此,制定一部流域生态系统管理基本法,对流域管理的立法目的、调整对象、基本原则、法律责任、体系框架等各项基本制度做出统一规定,以此界定流域生态系统管理法律制度调整的性质和范围,可以为流域管理执法、守法、司法活动提供大致方向和准则,并为制定各流域特别条例、专门制度提供依据。

---

① Robert W. Adler. Watersheds and the Integration of U. S. Water Law and Policy: Bridging the Great Divides[J]. William and Mary Environmental Law and Policy Review, 2013 (07): 49-60.
② 王曦,胡苑. 流域立法三问[J]. 中国人口·资源与环境,2004(04): 137-139.

2. 流域生态系统管理法的定位

流域生态系统管理法应该上升到一部流域基本法的位置,该法是各种流域环境资源开发利用都必须遵循的准则,是其他流域管理各单行法具体制度构建的基础,也是法律规范具体操作与实施的行动指南。在规范等级体系的技术构成上,流域生态系统管理法及其制度是一国流域生态系统管理法律体系与法律制度结构的核心,在法律位阶上是其他各流域生态系统管理法律法规的上位法,在法律效力上高于其他单行流域生态系统管理法律法规,在法律制度上是其他流域生态系统管理法律制度的"元制度"。从逻辑规则上看,流域生态系统管理法应是其他单行流域生态系统管理法律法规的"渊源",这也正是流域生态系统管理法律体系和制度结构得以形成的前提。① 因而,流域生态系统管理法律制度在一国流域生态系统管理法律制度体系及其制度结构中具有基础性地位。

法律位阶决定着法的实施效力。在一个拥有多级法律位阶的立法体系中,如果流域生态系统管理法处于单行法的位阶,即最低的等级或位阶,就可能发生制度协调链的脱节,更毋庸说形成流域生态系统管理法律与政策体系。因为这些法律并行不悖,即在各自的领域发生效力,相互间没有约束,甚至没有联系。而作为其依据的民法、行政法、刑法等基本法没有流域生态系统整体保护的理念,因此也无法直接安排流域管理基本制度内容,根本不可能成为单行流域生态系统管理法律与政策的"渊源"。此外,任何法律制度都是从整体上发挥制度绩效的,流域生态系统管理法是单行流域生态系统管理法律法规的灵魂。单行流域生态系统管理法律法规不能离开流域生态系统管理法而独立存在,单行法律与流域生态系统管理法因立法理念、基本原则一致而统一,与流域生态系统管理法的基本规范相协调。

同时,流域生态系统管理法的基本法定位可以有效衔接和协调各相关单行法律法规。目前,我国与流域生态系统管理相关的法律法规之间

---

① 肖国兴. 论能源法律制度结构的形成与形态[J]. 郑州大学学报(哲学社会科学版),2008(06):36-40.

是各自独立分割的,这些法律法规不仅分别由不同的执法部门实施,难以形成合力,而且部门立法的背景也导致各部门在这些法律的实施中为了自身利益,各自为政,经常存在权力掣肘和相互推诿的情况,造成流域管理相关部门之间的对立和矛盾。这不仅使各单行法律法规执法困难,更导致流域生态系统管理的紊乱。为使这些法律法规协调一致、制度衔接相容,客观上我国必须要有一个起"龙头"作用的法律。流域生态系统管理法从流域生态系统全局出发,是流域管理共性问题的总结和流域管理规律的集中,较某一领域流域管理问题的各单行法律法规更富有理性。因此,我国必须赋予流域生态系统管理法的基本法定位,唯此才能使其统一协调各单行法律法规,真正担当起统领流域生态系统整体管理的重任。

然而,由于各流域自然生态条件、流域地区的产业结构、气候特征不尽相同,各流域生态系统具体的结构和功能也不相同,并且这些生态系统也会随时间的变化而改变。根据流域面积的大小、地形地貌、自然条件、社会经济基础和人文景观等流域资源的多样性特点,流域一般分为四类:第一类是利用型流域,即自然条件、社会经济基础都比较好的流域。对该类流域而言,人们以此为单元,以流域环境资源的综合开发利用为核心,合理进行生产力布局,建立工业区、城市群和产业带,为流域内社会经济持续健康发展提供条件。这类流域占我国流域的大多数。第二类是治理型流域,即自然条件极为恶劣、地形地貌极为复杂、自然灾害频繁发生的流域。对这类流域,人们以提高灾害防治机能为目标,加大流域治理力度和防灾强度,使治灾和资源利用紧密结合。第三类是恢复型流域,即受水土流失、沙漠化等灾害的影响较严重,水环境变得较恶劣的流域。对这类流域,人们以恢复流域的自然生态环境、改善自然条件、提高水体自然修复能力、防止灾害的扩大和再发生为主要目的。第四类是景观型流域,即具有特定保护区、国家自然公园、人文旅游景点、城市休闲风光带和水域景观的流域。这类流域以保护、维持、恢复人文自然景观和水域景观为主要目的。

流域的多样性特征要求流域生态系统管理法律制度建构除了规定流域管理的共同原则,还必须体现灵活性、针对性与时效性的特点,对不同的流域,立法上要有所区别,采取不同措施。① 例如,我国长江、黄河上游的森林生态系统与苏南的森林生态系统是不相同的。前者的主要功能是水土保持,应当禁止采伐,强调保护优先;后者的主要功能则是提供木材,对其可以适当采伐,强调可持续开发利用。

  综上,流域生态系统管理立法模式的选择,首先,应该坚持原则性与灵活性的统一,在制定一部效力层次较高的统一的流域生态系统管理法的基础上,可以根据特定的、单个流域生态系统的结构功能特征设置一些不同的保护制度;其次,还应该协调完善我国目前相关的全国性法律法规,减少包括管理体制、流域管理机构职能等在内的法律间相互冲突的内容,增加相互关联和相容性,以适应流域生态系统管理的需要;再次,应提高流域性法规与专项法规和地方性法规的协调相容,并把流域管理机构的改革作为法律规定的重要内容;最后,在地方性流域法规建设方面,应重点制定和修订一级支流和相对独立河段的法规,如《湖南省洞庭湖保护条例》等流域法律规范。

---

① 孟庆瑜,张思茵.流域法治的空间审思与完善进路[J].北方法学,2021(02):89-101.

第五章 中国流域生态系统管理法律制度构建

制度是人类社会的行为规则。在一定程度上讲,制度是决定经济发展和社会进步的最重要因素。只有良好的流域生态系统管理法律制度安排,才能保障流域整体生态系统的健康发展。

本章第一节对中国流域生态系统管理法律制度结构作了概括介绍,其他六节对该制度结构的六个主要构成部分分别作了阐述。

第一节 中国流域生态系统管理法律制度结构

流域生态系统的复杂性决定了流域生态系统管理法律制度的构建绝不是单一的制度安排,而是不仅要处理好水的问题,还要处理好流域内其他自然资源(如土地、森林、草原、矿产等)的可持续发展问题,因此,流域生态系统管理法律制度构建必须先要设计好制度结构。流域生态系统管理法律制度结构是什么?制度结构究竟起什么作用?我们大致可以把它比作拔河比赛中的绳子。设想两队人在拉绳子,各拉一端……绳子只是一个工具,一个手段。当然没有绳子,游戏无法进行,它是力量移动的媒介。流域生态系统管理法律制度结构就是连接流域管理各法律制度的这根绳子。没有流域生态系统管理法的制度结构,流域生态系统整体管理的制度绩效就无法发挥;流域生态系统管理法律制度结构安排得不合理,流域生态系统管理的制度成本就会提高,流域生态系统健康运行的目标就难以实现。

一、流域生态系统管理法律制度结构的逻辑成因

人们都是在一定制度空间里生存的,制度为社会各成员设计了作为与不作为的自由度,以防止和化解人类社会的冲突,制约不利社会经济发展的行为,促进人们之间和睦相处。然而,任何制度功能的发挥都是在制度结构中实现的。如果制度是规则,那么制度结构就是规则连接或规则协调的纽带。一个好的制度结构会成就合理的制度连接,进而实现制度间的协调顺畅;一个差的制度连接则会造成制度间的协调失灵,进而出现制度间的矛盾冲突。①

(一)流域生态系统管理法律制度结构形成的自然基础

流域生态系统各要素之间相互联系、相互制约,是不可分割的统一整体;对于流域环境资源的保护更是如此,流域内水、土、森林、矿藏等都是流域生态系统中重要的自然资源要素,任何一种资源的开发利用都影响其他资源的可持续发展和流域生态环境发展状况。因此,流域内各种自然资源的开发利用必须在相关联、相结合中实现,其利用、保护和发展具有不可分割的共同规律和共同规则。无论是流域内水资源水环境的保护,还是其他自然资源的利用保护,抑或是流域内产业发展规划以及人们之间的合作协调行动等,都必须遵循流域生态系统特性这一基本规律,其制度构建都必须从保护流域生态系统整体利益出发,这是流域生态系统管理法律制度结构形成的自然基础。离开这个自然基础,流域生态系统管理法律制度结构就无法安身立命,更不用说其制度功能的发挥和制度绩效的提高。因此,流域管理开发利用的相关制度、规则都应当与流域生态系统管理的法律制度相一致。

(二)流域生态系统管理法律制度结构形成的社会基础

制度规范着人们的行为活动,因此,制度之间的结合、连接都是在社会交往中实现的。由于一个国家的法律规制有共同的历史文化和传统做支撑,而制度构建和连接必须尊重这些历史传统,也就是说,制度结构要和社会经济状况一起发展,与其他力量、制度不断相互作用;同时,人们在

---

① 肖国兴.论能源法律制度结构的功能与成因[J].中州学刊,2008(04):66-68,78.

社会交往中既有共同利益的一面,又有冲突的一面,制度正是为协调与解决冲突而产生的。流域生态系统管理法律制度结构的主要着眼点是要协调解决流域生态系统中各利益主体之间的冲突,如个人利益与流域整体利益之间的冲突、流域内各利益主体之间的冲突等。尽管每项制度在设计之初都有其特定的协调与解决冲突的功能,但只有各项制度都协调一致、共同发挥作用时,才能使每一项制度获得绩效最大化。法律规范与法律制度的功能与作用必须是整体性的发挥才会有效。单项制度要想有效,就必须得到协调。构成了一个可相互兼容的制度系统——一个规则序列。① 显然,流域生态系统管理法律制度功能的发挥与其他制度之间都有明显的关联性,流域生态系统管理各项法律制度也只有相互协调和衔接,才能促进相关制度之间的优化互补,从而实现制度绩效最大化。

(三) 流域生态系统管理法律制度结构的整合方式

从法律逻辑的规范性来看,流域管理相关法律体系化是流域生态系统管理法制度结构协调链接的整合方式。体系化意味着:将所有透过分析而得的法命题加以整合,使之成为相互间逻辑清晰、不会自相矛盾、尤其是原则上没有漏洞的规则体系……一般说来,体系化主要是将法律素材加以编整的一种外在的规划架构。② 通俗地说,体系化就是借助于逻辑手段,将一个个被承认有效的法律规则统合起来,理性化成一个毫无内在矛盾的、抽象法命题的综合体。③ 尽管法律在制定之初就有立法规划,其本身应当自成体系,而不必非得通过体系化来形成,但法律法规往往根据社会经济发展的需要因时因地制定,体系化可以通过统一而理性地梳理相关规则,剔除落后规则,补充符合时代发展需要的相关制度,从而保障发挥法律规制的制度绩效。

流域生态系统管理法律制度体系化是按一定的原则将流域管理所有现行相关法律进行逻辑整合的过程。流域生态系统管理法律制度体系化的原则包括三个方面:一是承认原则。构成流域生态系统管理法律制度

---

① 柯武刚,史漫飞.制度经济学:社会秩序与公共政策[M].韩朝华,译.北京:商务印书馆,2000:164.
② 马克斯·韦伯.资本与理性[M].长春:吉林大学出版社,吉林音像出版社,2005:27.
③ 马克斯·韦伯.资本与理性[M].长春:吉林大学出版社,吉林音像出版社,2005:29.

体系的法律必须是有效的,这种有效性通过法律间的相互承认来确认。凡符合维护流域生态系统整体安全、促进流域可持续发展的法律规则,都应当纳入流域生态系统管理法律制度体系之中,并且承认其法律效力。二是剔除原则。凡不符合维护流域生态系统整体安全的法律规则就不应纳入流域生态系统管理法律制度之中,即使已经纳入也要剔除。三是相容原则。相容原则要求纳入流域生态系统管理法律制度体系的规则或规范能与其他规则或规范相衔接,并能在制度上相互整合形成协调优势。①

同时,根据法律位阶分析,不同层级或位阶的规则或规范是形成流域生态系统管理法律制度体系的基础。层级或位阶越高的法律规范,其协调和连接的能量越大;相反,位阶越低的法律规范,其协调连接的能量越小。位阶较低的法律非但没有协调连接的作用,其法律功能的发挥还得以层级高的法律进行协调连接为前提。因此,流域生态系统管理法只有在较高层次上确立一些"元制度"规则,才能有利于协调和连接其他相关法律制度。

二、流域生态系统管理法律制度结构的设计机理

流域生态系统管理法律制度的体系化不是简单地将有关流域管理的法律法规组合和连接,而是根据流域生态系统管理法律制度结构的设计机理进行融合交互,形成系统化、整体性的流域生态系统管理法律制度结构。"体系具有生产性,它反映事物的内在秩序,表达'事物的本性'"。②流域生态系统管理法律制度结构的设计应当遵循流域自然社会经济的复合生态系统特征,追求流域自然、社会、经济复合生态系统整体利益的实现。因此,流域生态系统管理法律制度结构设计应遵循以下机理。

(一) 流域复合生态系统整体利益的价值定位

我国传统流域管理相关法律制度构建偏重以水资源、水生态、水土保持、流域生态环境保护为中心进行规范,即使生态保护的制度设计也偏重

---

① 肖国兴.论能源法律制度结构的形成与形态[J].郑州大学学报(哲学社会科学版),2008(06):36-40.
② 舒国滢.法学的知识谱系[M].北京:商务印书馆,2020:919.

还原主义理论,针对不同环境要素、环境要素的不同环境功能、不同的环境监管机构及其职权分别进行,与行政权力的上令下从逻辑具有一致性,相关立法整体上呈现线性的特点。这种立法的弊端是碎片化、条块化、对抗性强;同时,传统流域管理重区域创新、轻流域协同,尤其缺乏全流域生态保护和高质量发展充分融合的理念和思维。

流域生态系统管理法律制度的构建是一个全新的命题,也是一个复杂的系统工程,涉及多学科支撑。其制度的构建不仅要尊重流域生态系统的自然属性,更要强调社会经济高质量发展的根本目标;不仅要统筹推进山水林田湖草沙综合治理、系统治理、源头治理,改善流域生态环境,还要贯彻新发展理念,采取有效举措推动流域高质量发展,加快新旧动能转换,建设特色优势现代产业体系,优化城市发展格局,充分尊重流域自然、社会、经济和文化特征,构建融合社会、经济和文化等要素在内的整体性流域高质量发展制度体系。

(二) 预防为先、事后救济的生态保护规律

1982年5月18日通过的《内罗毕宣言》第九条指出,与其花很多钱、费很多力气在环境被破坏之后亡羊补牢,不如预防对环境的破坏。预防性行动应包括对所有可能影响环境的活动进行妥善的规划。1992年,联合国环境与发展大会通过了《关于环境与发展里约热内卢宣言》,该宣言在原则十五中再次明确指出,为了保护环境,各国应根据本国的能力广泛采取预防性措施。凡遇有严重或不可逆转损害的威胁时,不得以缺乏科学的充分确实证据为理由,延迟采取符合成本效益的措施防止环境恶化。同时,生态环境问题的特点也决定了实行预防为先原则的必然性。生态环境容易受到污染,但治理起来困难很大;同样,生态环境破坏起来容易,而恢复起来却很难。从经济上看,与采取预防措施相比,恢复与治理费用相当高昂,难度也很大。而且,在大多数情况下,环境污染和生态破坏是不可逆转的,很难消除和恢复。① 对于人类活动对生态系统的影响所产生的后果,我们缺乏全面、可预测的认识,无法了解和预料生态系统功能丧

---

① 曹明德.生态法新探[M].北京:人民出版社,2007:230-231.

失的全部含义。① 流域生态系统一旦遭到破坏,恢复起来十分困难,如由滥砍滥伐、破坏植被而引起的流域内水土流失、土地沙化等问题,要得到恢复需要很长的时间,因为土壤的形成过程非常缓慢。生态破坏具有"时间上的深远性、空间上的广延性以及后果的综合性、不可逆性,其危害要比环境污染严重、深远得多"②。因此,加强事前保护、积极预防生态损害,是环境法应对生态损害法律问题的基本理念。这一理念的确立,有其充分的科学依据和理论依据。③ 流域生态系统管理法律制度结构设计也同样应该遵循预防为先、事后救济的生态保护理念,将有关生态保护、自然资源管理、污染防治等预防性、救济性制度进行分类整合,形成包括流域规划、生态功能区划、环境影响评价、生态环境教育培训、预警应急、生态修复等在内的流域生态系统保护的规范框架,从而达到保护流域生态系统健康发展的目的。

(三) 汇集多元规制手段

近年来,生态治理越来越朝着多元规制手段发展。早在1993年,欧洲议会发布的《第五环境行动纲领》指出,欧洲新的环境行动计划建立在政府管制、市场激励和自愿手段的基础上,将多元规制手段全方位纳入各种环境政策领域,拓宽环境政策措施手段,使社会各界全面共同分担环境责任,从而实现可持续发展的目标。该纲领认为,过去的环境手段以强调禁止性措施为特点,新的战略更多地依赖合作性措施。这种共识在逐渐增加,即工商界不仅是环境问题的主要生产者,也必须是环境问题的解决者。这种新的战略提出要加强与产业界的对话,鼓励在合适的情形下采用自愿协议和其他自我管制的方法。许多国家也在其环境法中明确规定要采取除了政府管制手段的多种方法来保护环境。如1995年美国克林顿政府提出《重塑环境管制》报告,美国国家环保局据此发起了新的环境管制改革,倡导政府更多地采用市场型、合作型的环保措施而不是简单的

---

① K. A. 沃科特,等. 生态系统——平衡与管理的科学[M]. 欧阳华,等,译. 北京:科学出版社,2002:76.

② 何茂斌. 环境问题的制度根源与对策——一种新制度学的分析思路[J]. 环境资源法论丛,2003(00):86-107.

③ 梅宏. 生态损害:风险社会背景下环境法治的问题与思路[J]. 法学论坛,2010(06):118-123.

强制性的管制措施,主张扩展排污交易政策的使用范围,为企业加强环境保护提供服务和帮助;继续鼓励企业公开信息、自我披露和积极改正违法行为,鼓励企业采取自愿措施;将联邦的环境管制权更多地转移给州政府和印第安部落,使环境治理权力多中心化,共同分担环境责任。① 美国学者埃莉诺·奥斯特罗姆对水、森林和牧场等在内的公共资源系统进行了5 000多个案例的研究,找到了公共事务治理的第三条道路,并因此获得诺贝尔经济学奖。② 理论和实践都证明:利用多元规制手段管理环境资源已是不争的事实。流域管理同样需要多中心的治理之道,需要与地方治理、市场激励以及社群自主治理制度相结合,共同治理和维护流域生态系统健康运行。因此,流域生态系统管理法律制度结构也应当汇集各类主体的规制内容及方法,采取多种手段促进流域生态系统整体利益的实现。

(四) 融合联结其他相关法律规范

流域生态系统管理法律制度结构的形成不是一蹴而就的,而是经历了一个从不完善到逐步完善的过程。其逐步完善的原因是相关法律制度理性地吸取了其他制度之精华。从流域生态系统管理法律制度的变迁来看,流域管理从单纯关注"水资源开发—水污染防治—水资源水环境保护—流域生态系统管理",彰显流域生态系统管理法律制度安排逐步趋于尊重流域生态系统特征的理性。但在趋于理性的制度变迁过程中,流域管理相关法律制度也经历了许多"试错式"的制度安排教训,正是在这种"试错式"的教训中不断与其他制度磨合交互,从而逐步完善和趋于理性。鉴于流域生态系统的复杂特征和法律制定的"时滞"原因,流域生态系统整体管理的法律制度结构必须协调、联结好其他相关流域生态系统管理法律制度,处理好法律法规之间的各种问题,使流域生态系统管理法律制度安排更加理性,从而能真正保障流域生态系统整体安全,实现流域生态系统整体的健康发展。

---

① 李挚萍.环境法的新发展:管制与民主之互动[M].北京:人民法院出版社,2006:13-14.
② 谢晨,张坤,王佳男.奥斯特罗姆的公共池塘治理理论及其对我国林业改革的启示[J].林业经济,2017,39(05):3-10,18.

三、从外部结构到内部结构：流域生态系统管理法律制度结构的存在形态

根据流域生态系统管理法律制度结构的设计机理，流域生态系统管理法律制度的结构可以分为外部制度结构和内部制度结构。鉴于流域生态系统的复杂性，流域生态系统管理法的内部制度结构包罗万象、浩繁庞杂，下文重点对维护流域生态系统健康运行的基础性、根本性的内部制度结构，即元制度结构进行探讨，其他内部制度结构不再赘述。

（一）流域生态系统管理法的外部制度结构

作为法律规则或规范，流域生态系统管理法律要与一国其他流域管理相关法律协调、联结来组成制度结构，使之拥有完整的体系。首先，流域生态系统管理法律必须同其他正式制度协调和联结，组成完整的国家流域生态系统管理法律体系和制度结构；其次，还要与非正式制度协调和联结，组成一国流域管理制度结构，以降低法律执行成本，提高法律实施效果。下面我们讨论流域生态系统管理法与宪法制度结构，与各单行流域生态系统管理法律法规、流域管理战略与规划等正式制度结构以及与非正式制度结构之间的关系。

1. 流域生态系统管理法与宪法

首先，宪法是国家的根本大法，其他法律的制定必须依据宪法，且不得与宪法规定相违背或者抵触。因此，依据下位法服从上位法的原则，宪法原则和宪政制度是流域生态系统管理法律制度的生命之源，其直接决定流域生态系统管理法律制度结构的性质、变迁和具体表现形态。其次，宪法原则和制度也是流域生态系统管理法律制度与其他法律制度协调和联结的保障。虽然宪法原则主要是方向指导和引导，宪法制度也主要是原则性制度，但宪法是一国的法律之源，"合宪适宪"就成为流域生态系统管理法律制度与其他法律制度协调和联结的最基本保障。① 最后，公民权利和政府权力都源于宪法规定，流域生态系统管理法的各项权利和权力规范也必须与宪法原则保持一致。当然，鉴于流域生态系统自然特性以

---

① 杜健勋.国家任务变迁与环境宪法续造[J].清华法学，2019(04)：181-196.

及流域生态系统保护的复杂性和特殊性,流域生态系统管理法也应专门对流域内有关环境资源管理、利用和保护的主体进行具体的制度安排。

2. 流域生态系统管理法与流域管理战略及规划

流域管理战略及规划等正式制度结构是一国政府流域管理的总目标与行动方略,也是流域生态系统管理法律制度从理论到制度设计、从制度设计到实践的重要条件。因此,确认和执行流域管理战略与规划的法律效力直接关系到一国流域管理制度的科学构建与实施。流域管理战略是一国政府对流域环境资源开发利用的专门性文件,既立足现实,又放眼未来,在填补宪法空缺的同时,往往能提升法律的科学性与战略性,所以,流域管理战略的法律化是一国建立科学、稳定、合理的流域管理制度体系的核心。目前,我国已经确立了长江经济带发展、黄河流域生态保护和高质量发展重大国家战略,发布了《长江经济带发展规划纲要》《黄河流域生态保护和高质量发展规划纲要》,并出台了《长江保护法》,《黄河保护法》也已被列入立法进程。流域生态系统管理法必须保证政府有关流域管理政策都被纳入法律制度边界内,这既是政府合理行政和依法行政的要求,也是行政程序公正和行政效力的保障需求。① 因此,流域生态系统管理法应将流域管理规划和战略放在制度安排的首位,详细地设计流域管理战略与规划的内容、法律效力,编制程序,为流域管理战略与规划的操作实施提供制度保障。

3. 流域生态系统管理法与非正式制度

非正式制度的直接作用是降低法律成本,提高法律效率。非正式制度包括人们的行为习惯、道德标准、社会心理等。这些非正式制度往往更容易被人们接受,成为人们自觉自愿的行为规则。人们的"经济人"性质决定了人们遵守法律的目的是寻求自身利益,而不是单纯地追求法律秩序。只有当法律秩序能保障其自身利益实现时,人们才会自觉自愿遵守法律,从而法律秩序才能建立起来。流域生态系统管理法制度设计越与非正式制度接近,其制度实施的成本就越低,制度绩效就越大;反之,制度

---

① 邵莉莉.跨界流域生态系统利益补偿法律机制的构建——以区域协同治理为视角[J].政治与法律,2020(11):90-103.

实施的成本就越高,制度绩效就越小。流域生态系统管理法律制度应通过设计流域生态环境教育和培训制度来降低流域管理制度实施成本。

4. 流域生态系统管理法与相关自然资源法

我国对自然资源规范采取的是按要素分别立法的模式,目前已出台了《水法》《土地管理法》《草原法》《森林法》《矿产资源法》《渔业法》《野生动物保护法》等法律,它们分别对流域内的水土、草原、森林、矿产、渔业、野生动植物等资源的开发和利用进行了规范。鉴于这些自然资源要素都是流域生态系统的重要影响因子,对这些自然资源开发利用进行统筹规划和规范也是流域生态系统管理法的重要内容,流域内资源开发利用与管理要受到相关自然资源法和流域生态系统管理法的双重管束。① 目前,按要素分别立法的资源管理模式割裂了不同资源开发利用之间的关系,不利于对流域资源的可持续利用和效率最大化,更不利于流域生态系统的维护。流域生态系统管理法从整体上、宏观上规划自然资源的开发、利用和保护,使之有利于自然资源的可持续发展和流域的生态保护。各自然资源相关法律规范应遵循流域生态系统管理法的基本原则,不能与流域生态系统管理法的有关规定相冲突;同时,作为特别法,各相关自然资源法需要对该资源开发利用保护的具体事宜做出规范。

5. 流域生态系统管理法与《海洋环境保护法》

目前,世界各国都加强了对海洋资源环境的保护,我国也专门制定了《海域使用管理法》《海洋环境保护法》等法律法规来保护海洋环境资源。由于《海洋环境保护法》并没有对入海流域的水质水量进行规范,并不能防止入海流域水污染对海洋环境的破坏。流域生态系统管理法应与《海洋环境保护法》有机结合起来,设计陆海协同治理的制度规范,共同促进流域与海洋生态环境的保护。

6. 流域生态系统管理法与《环境保护法》

流域生态环境问题一般是对流域内环境资源的不当利用造成的。无论流域管理侧重环境保护的理念,还是偏向资源开发的理念,流域生态系统管理都必须将流域生态环境保护与流域内自然资源的开发利用结合起

---

① 吴凯杰.环境法体系中的自然保护地立法[J].法学研究,2020(03):123-142.

来进行制度安排。①《环境保护法》是生态环境保护的基本法,流域生态系统管理法相关制度规范应遵循《环境保护法》的基本价值和理念;同时,鉴于流域在我国的广阔面积和以流域为单元进行环境资源管理的科学性,我国在《环境保护法》中应明确规定以流域为单元进行生态环境保护。但从法律分工看,流域生态系统管理法毕竟是流域生态系统整体保护的法律,它仅强调流域层面的生态环境整体保护。《环境保护法》调整范围比较全面,而且其法律规范相对具有综合性和原则性的特点,许多具体性的事宜,如流域内环境资源管理的协调合作框架和职能划分,应由流域生态系统管理法具体规定。

7. 流域生态系统管理法与《循环经济促进法》

流域生态系统管理法与《循环经济促进法》制度目标具有同一性。流域生态系统管理法的制度目标是实现流域生态系统的整体安全与健康发展,也就是实现流域经济、社会与环境的协调发展。循环经济是市场经济发展到一定阶段的产物,其目的是在提高资源或资本效率的同时进行废物利用,从而有效率地利用资源或废物。因此,循环经济不仅与生态经济紧密相关,并直接构成了生态经济的外延。流域管理与循环经济在本质上都强调生态经济,都有助于可持续发展的实现,因而具有明显的同一性。然而,流域内资源开发利用和经济发展中先要实现循环经济,进而才能实现流域经济社会环境的可持续发展。从根本上来说,市场经济和市场制度是流域生态系统管理法与《循环经济促进法》衔接的经济基础。因此,流域生态系统管理法也应该安排产权交易及市场制度,通过市场激励机制来促进流域社会经济环境的协调发展,进而促进循环经济的发展。

8. 流域生态系统管理法与《行政许可法》《行政处罚法》等行政法律

鉴于流域生态系统管理法是以政府监管为主的法律,政府必须依法行政、合理行政,流域生态系统管理法有关行政机关和行政管理相对人应当遵循《行政许可法》《行政处罚法》的有关规定。在流域生态阈值的行政监管方面,为了维护流域生态系统的健康发展,必须严格执行行政许可制

---

① 古小东.基于生态系统的流域立法:我国水资源环境保护困境之制度纾解[J].青海社会科学,2018(05):56-63.

度;同时,根据公共治理发展趋势,以及《行政许可法》第十三条的规定:本法第十二条所列事项,通过下列方式能够予以规范的,可以不设行政许可:(一)公民、法人或者其他组织能够自主决定的;(二)市场竞争机制能够有效调节的;(三)行业组织或者中介机构能够自律管理的;(四)行政机关采用事后监督等其他行政管理方式能够解决的。流域生态系统管理法也要尽可能缩小行政许可的范围,以保证政府许可制度不影响流域环境资源的产权效率,减少社会交易成本。

另外,根据《行政处罚法》的有关规定,流域生态系统管理法要严格规定流域管理机构行政处罚的情形、情节、种类、程序以及其行使权力时的限制等。

(二)流域生态系统管理法的"元制度"结构

从本质上来看,流域生态环境问题的出现与流域生态系统管理法律制度的不健全、不完善有直接的关系,为此,流域生态系统管理法必须要健全完善其内部制度结构。鉴于流域复合生态系统特性及流域生态系统管理法的基本法定位,流域生态系统管理法内部制度结构应当着眼于设计其结构性、根本性制度,即"元制度"。流域生态阈值、流域生态系统的整体性特征要求流域生态系统管理法"元制度"的构建必须打破传统上仅仅对流域某单一资源环境要素进行规范的理念和制度模式,从流域生态系统各要素入手来规范人们在流域内的行为活动,公平分配人们对流域环境资源的利益需求,从而真正保障流域生态系统整体的健康与安全。

在具体制度的构建模式上,流域生态系统管理法"元制度"应以流域高质量发展为目标,以流域生态保护为底线,从保障流域生态系统健康运行的角度进行构建和设计。因此,本书首先构建流域高质量发展的制度框架,遵循预防为先、事后救济的生态保护规律,设计了流域生态风险预防制度和流域生态保护事后救济制度;其次从综合利用、多元规范的角度设计了流域生态阈值政府监管制度、流域生态保护市场激励机制和流域多中心治理机制。

具体来说,本书拟构建的流域生态系统管理法"元制度"结构如下:一是流域高质量发展制度。该制度明确流域生态系统管理制度的价值目标、基本底线和动力要素。二是流域生态风险预防制度。该制度具体包括流域规划制度、流域生态功能区划制度、流域生态环境标准制度、流域生态环境教育与培训制度等。三是流域生态保护事后救济制度。该制度具体包括流域突发环境事件应急制度、流域生态系统恢复与重建制度等。四是流域生态阈值政府监管制度。该制度具体包括流域管理机制构建、许可证制度、流域生态阈值监测制度等。五是流域生态保护市场激励制度。该制度包括流域生态保护基金制度、流域环境资源产权制度、流域生态费税制度等。六是流域生态多中心治理机制。该制度包括流域管理与区域管理契合机制、区域政府间协商合作机制、流域社会协调管理机制、流域生态系统司法保障机制等。

第二节 流域高质量发展制度

目前,创新、协调、绿色、开放、共享的"五大发展理念"已深入人心。流域生态系统管理是全面贯彻"五大发展理念"的具体体现,而流域高质量发展是实现流域生态系统管理目标的直接动力。流域高质量发展制度的实施能够全面沟通流域内经济产业、社会文化、生态环境等方面的信息,促进全流域生态系统的整体发展。

一、流域高质量发展的内涵

一般言之,学界对高质量发展的内涵界定往往是从经济高质量发展的视角出发的。例如,有的学者认为,高质量发展是指经济由高速增长转向高质量发展。如由粗放型发展模式转向集约型发展模式,通过内需扩大和创新能力提升,来促进中国经济发展方式的转变。高质量发展受经济发展阶段、社会文化环境、政策法律环境的约束,以要素质量、创新动力、质量技术为基础条件,是充分、均衡的发展,包含发展方式、发展结果、民生共享等多个维度的增长和提升。[①] 还有的学者以黄河流域为例,认为流域高质量发展包括各门类产业高质量发展、产业协同和科学布局、绿色

---

① 赵剑波,史丹,邓洲.高质量发展的内涵研究[J].经济与管理研究,2019(11):15-31.

发展评估、乡村振兴、绿色消费等。①但也有学者认为,流域高质量发展是指在流域尺度上,从经济、社会、文化、环境等多角度出发,实现经济稳定增长和有效供给、区域均衡协调、社会公平正义、环境优美舒适的发展,同时也是产业规模扩大、结构优化、创新升级和质量提高的发展。②

习近平总书记在2021年全国两会期间参加青海省代表团审议时强调,高质量发展不只是一个经济要求,而是对经济社会发展方方面面的总要求。经济、社会、文化、生态等各领域都要体现高质量发展的要求。③

然而,目前流域高质量发展的制度设计还缺乏明晰的制度目标和体系安排。以黄河流域为例,从空间治理视角来看,黄河流域九省区没有统一的高质量发展协调机构。目前仅有的黄河水利委员会是水利部派出的依法行使水行政管理的机构,缺少管理经济、社会、文化、生态环境保护等方面的职能。即使《长江保护法》的第四条至第十三条已经确立了长江流域协调机制,但偏重流域生态环境、自然资源和管理执法等领域的协调,并没有规定流域经济产业发展的统筹协调机制。《黄河流域综合规划(2012—2030年)》也仅仅限于流域水资源的统一规划和调配,缺少流域生态环境保护、经济发展、社会文化繁荣等方面的统一规划,以及与流域上中下游不同类型主体功能区协调发展的规划。另外,从市场发展视角来看,流域间的物资流、资金流、信息流、人口流和生态流等要素的互动受行政区域的制约,造成流域不同行政区域间"各自为政",流域社会经济发展同质化、碎片化,没有形成应有的特色产业(集群)及特色产业链的有效"链接",致使流域整体市场机制失效。

鉴于高质量发展是经济、社会、文化、生态等多方面的高质量发展,流域高质量发展的制度构建也应按照习近平总书记的要求,打破原有的"行政区经济发展"模式,其制度目标应当是全流域生态环境保护、经济发展、社会文化的有效融合与共同提升;其规范体系应当以流域环境资源承载

---

① 常纪文.制定黄河保护专门法律的必要性及建议[J].环境保护,2021(05):44-46.
② 张军扩,侯永志,刘培林,等.高质量发展的目标要求和战略路径[J].管理世界,2019(07):1-7.
③ 新华社.高质量发展"高"在哪儿?习近平总书记这样解析[EB/OL].(2021-03-08)[2021-05-15]. https://dangjian.gmw.cn/2021-03/08/content_34668895.htm.

力为前提,以流域空间规划制度为统领,以流域文化传承发展为动力,以全流域一体化的市场机制为抓手进行系统性构建。

二、流域高质量发展的制度体系

流域高质量发展制度体系可由以下五大核心制度板块构成。

(1) 高质量发展的前提条件——基于生态环境承载力的流域生态阈值约束制度。流域良好的自然生态系统是流域高质量发展的基本前提,流域内所有人类活动都应当限定在流域生态阈值之内,因此我们必须设计好流域生态环境保护制度,预防生态风险、救济生态损害,促进流域生态系统健康发展;同时,要基于全流域自然、社会、经济、文化发展特点开展流域空间规划制度,促进流域尤其是重点城市群及上下游区域生态环境保护、经济产业发展、社会文化繁荣之间有机融合、协调发展。对流域的交通、信息等基础设施统一规划建设,使流域的经济社会文化交往更为密切,打破行政区划壁垒,推动多领域、多层次一体化发展。在流域主体功能区划分的基础上,确定不同类型主体功能区的高质量发展方向;厘清流域上中下游不同区域的生态环境禀赋及主体功能类型,构建有利于流域整体和上下游不同类型主体功能区比较优势充分发挥的流域空间规划制度。

(2) 流域高质量发展的精神动力——文化传承与发展制度。流域历史源远流长,文化底蕴深厚,物质文化遗产与非物质文化遗产极为丰富。例如,黄河、长江文化不仅是中华文化的重要组成部分,而且在世界文化体系中也占据着重要地位。同时,流域自然地理条件千差万别,山水文化绚丽多彩,如黄河、黄土、沙漠、绿洲等形成了独特的自然生态系统,不仅景观价值极高,而且还具有重要的生态安全屏障功能。保护生态就是保护生产力,保护文化也是保护生产力,当文化和生态价值成为发展的动力和收益的来源时,建立在生态和文化比较优势基础上形成的流域新产业结构、新供给侧潜能就能够成为高质量发展的新兴经济体系。与此同时,在践行社会主义核心价值观的过程中,当越来越多的人更看重事业和情操的时候,让黄河成为造福人民的幸福河的奋斗精神将成为流域高质量发展的精神动力源泉。

（3）流域高质量发展要素的高效利用——一体化的市场秩序。一体化的市场秩序是流域高质量发展的软性制度根基，流域不同行政区域间要突破区划限制，消除相关的制度障碍，形成一体化的市场秩序，以确保流域的劳动力、资本、技术、数据等要素的自由流动，不断提高经济、社会和生态等综合效益，以市场机制的手段实现流域各项资源的最优配置。其具体包括建设整体性的基础设施网络体系、建立一体化的市场秩序、实施全面的信息共享、推进灵活的民间文化沟通交流等，从而形成全流域一体化的市场秩序。

（4）流域高质量发展的监督落实——动态的评估体系制度。流域高质量发展具体包括区域、流域以及与人民生产、生活密切相关的生态保护、经济发展、社会进步、文化传承的各项具体评价标准、目标指数等。动态的发展指标评价制度也是衡量流域高质量发展的重要标准和规范依据。应建立基于生态优先、资源约束、经济社会均衡协调发展、文化产业持续发展、严格的奖惩责任机制等为核心指标的流域高质量发展动态评价体系。

（5）不同区域间的利益均衡协调——生态补偿机制。流域上中下游存在着限制开发区、重点开发区等不同的主体功能区类型。在流域高质量发展过程中，对于因流域生态保护而受益的地区，如流域中下游地区，要在经济、科技、管理经验和人力资源等方面给予在生态环境保护修复方面做出相应牺牲的禁止开发区、限制开发区等地区以生态补偿，形成相应的利益均衡与生态补偿机制。

第三节 流域生态风险预防制度

德国社会学家贝克在20世纪末指出，当今世界已经进入了风险社会，风险是一种现代化进程中人为制造的不确定性或者不安全感。[①] 风险预防是针对环境恶化结果发生的滞后性和不可逆转性的特点而提出来

---

① 乌尔里希·贝克.世界风险社会[M].吴英姿,孙淑敏,译.南京：南京大学出版社,2004：2-3.

的,其目的是避免多样化的环境威胁,如全球变暖、生物多样性丧失、臭氧层消减、荒漠化和土地退化、海洋和淡水生态系统破坏、大气污染、损害特定生态系统的结构、功能和"可再生资源"基础、损害人类和非人类的身心健康等。流域生态风险预防制度包括流域规划制度、流域生态功能区划制度、流域生态环境标准制度、流域生态环境教育和培训制度等。

一、流域规划制度

"规划过程可以被看作是对各种不确定性条件的重视。"[①]流域规划工作的本质是在特定社会条件下应对当时当地社会需求做出的一种制度安排。[②] 显然,流域规划也是流域生态系统整体管理的一种制度安排,其通过统筹协调流域内经济、自然、社会发展,统筹局部利益和整体利益、当前利益和长远利益,从而为保障流域生态系统健康发展确定发展方向和指导思想。

(一) 流域规划的理念更新

早期的流域规划主要是针对流域水资源开发利用的规划,其所关心的是如何开发利用流域水资源以促进区域的发展,获取局部利益,而没有从流域生态系统整体的健康发展出发来规划设计流域水资源的开发利用,有的甚至以牺牲流域环境和资源为代价来换取区域的发展。

生态规划的提出为流域规划的变革提供了新的理论基础。生态规划注重协调人与自然的关系,使之达到人与自然和谐共处;生态规划要求保护与维持区域生态功能的完整性,寓环境资源保护于区域开发与社会经济发展之中;生态规划的目标是增强区域可持续发展的能力,既要促进区域社会经济的发展,又要维护及改善区域环境资源的持续性与生态功能的完整性。

美国田纳西河流域规划及实施将生态规划推向了高潮。美国前总统罗斯福在呼吁国会批准建立田纳西河流域管理机构时,把田纳西河流域规划称为"国家级的规划",他要求规划应为流域及邻近区域的自然资源

---

① 布鲁斯·米切尔.资源与环境管理[M].蔡运龙,等,译.北京:商务印书馆,2004:64.
② 张庭伟.规划理论作为一种制度创新——论规划理论的多向性和理论发展轨迹的非线性[J].城市规划,2006(08):9-18.

开发、流域保护提供保障。田纳西河流域规划最初的基本目标是防洪、发展航运及开发水电,后来扩大到植被恢复、水土保持、新社区建设、农田肥力恢复等多个目标。田纳西河流域规划直接促进了田纳西河流域社会经济的发展,是生态整体综合规划的成功典范。① 目前,流域生态系统整体规划已经成为现代流域管理的基本模式,"这种整体规划方法有点类似中医理论,即中医在治疗时将人体当成一个整体来看待,而不仅仅是头痛医头、脚痛医脚"。② 许多国家和国际性组织已经接受和采纳这种整体性的流域规划方法。

（二）流域规划的程序

为保证流域规划尽可能体现流域内各主体的利益需求和利益选择,使流域规划更有合理性和针对性,管理者通常采取稳定的和可具操作性的程序,使流域内利益主体的意志得到反映。具体来说,流域规划大致要履行如下程序。

1. 规划主体的确定

许多国家的流域规划主体一般是专门的流域管理机构或流域管理委员会,也有的国家(如英国)由国家环境部统一管理流域问题。流域生态系统的复杂性、整体性要求流域规划必须确立一个权威的规划主体来统筹考虑流域生态系统各要素,公平分配各种利益关系,以保障流域整体利益的实现。然而,在实践中流域内各资源管理部门的追求目标可能并不一致,例如,农业部门为增加耕地面积和提高农作物产量可能会强调消除湿地,而有关环境和资源保护机构则会强调保护或恢复湿地以改善生态系统状况。由此可见,部门利益的不同使各资源管理部门制定的资源规划也难免存在着冲突。如果没有一个权威的规划主体来统一协调流域内各有关部门,流域生态系统的整体管理将难以实现。

2. 收集数据与资料

流域规划的制定必须要依据流域生态系统的全面数据和资料,这些数据和资料包括流域生态系统中自然、社会、经济等各种要素,任何要素

---

① Rob Gray. 河流管理的流域规划方法[J]. 北京水利,1998(05):13-15.
② K. A. 沃科特,等. 生态系统——平衡与管理的科学[M]. 欧阳华,等,译. 北京:科学出版社,2002:252-260.

的缺失都会影响流域规划的科学性。

3. 确认流域功能

由于流域的复杂性,许多流域所担负的功能各不相同。大多数流域的水体功能包括公共供水、农业灌溉、排水处理、固体废弃物处理、防洪和土地排涝、航运、渔业和水土保持、美学、娱乐和公共健康等。但有些流域可能并不具有上述所有功能,如航运可能并不是所有流域都具有的功能;也有些流域可能包括应单独考虑的功能,如水力发电、采砂等。总的来说,流域规划应根据各流域的具体功能进行不同的规划。

4. 确认流域存在的问题

每一个流域地理位置不同、流域范围不同、径流量不同,存在的问题也不尽相同。例如,淮河流域水污染问题比较严重,黄河流域主要是水土流失、水量短少问题,只有把问题确立下来,才能针对问题确定管理方案。①

5. 对流域规划草案进行环境影响评价

拟出台的流域规划是否符合流域生态系统的整体保护,只有对其进行环境影响评价,才能确定其对流域生态系统维护的科学性和合理性。因此,对规划进行环境影响评价已成为许多国家保护流域生态系统的必要程序。

6. 听证、公布与咨询

在这个阶段,流域内的利益相关者可充分了解规划内容并获得作出评价的机会,避免使规划蜕变为获取部门垄断利益的手段。咨询是就专门技术性事项在制定规划时进行专家咨询。例如,日本在制定有关环境的行政计划时,一般通过计划制订程序的民主化,来创立充分反映与该项事业有利害关系的国民意向的机制。

7. 与其他规划进行协调

流域规划草案在制订出来以后,还有一个协调环节。该环节需要协调的内容包括流域生态系统整体规划与其他政策规划的衔接,如流域规划与流域内的其他规划(如土地利用规划、城市规划、林业规划、农业规划

---

① 陈耀,张可云,陈晓东,等. 黄河流域生态保护和高质量发展[J]. 区域经济评论,2020(01):8-22.

等)之间的衔接,流域规划与流域内各区域利益的协调等。例如,2010年修订的《水土保持法》第十三条规定:水土保持规划应当与土地利用总体规划、水资源规划、城乡规划和环境保护规划等相协调。2014年修订的《环境保护法》第13条也规定:环境保护规划的内容应当包括生态保护和污染防治的目标、任务、保障措施等,并与主体功能区规划、土地利用总体规划和城乡规划等相衔接。

8. 流域规划的生效

流域规划草案经过以上程序后,流域规划的制定部门应公开发布并宣布生效的时间。

随着时间的推移和流域生态状况的变化,流域规划也应根据情势需要及时进行调整。

(三)流域生态系统整体规划的制度构建

流域环境资源的承载力、流域生态系统的整体性特征要求流域规划的制度构建必须着眼于维护整个流域生态系统的健康和安全,综合考虑各要素对流域生态系统的影响。基于此,流域生态系统整体规划的制度结构主要包括以下内容。

1. 流域生态系统整体规划制度

目前,流域内各资源管理中使用的规划种类繁多,主要是依资源类别分别进行。例如,我国《土地管理法》规定了土地利用总体规划;《矿产资源法》规定了矿产资源规划;《水法》规定了水资源规划(包括全国水资源战略规划、流域综合规划和流域专业规划、区域综合规划和区域专业规划);《水土保持法》规定了水土保持规划;《防沙治沙法》规定了防沙治沙规划;《森林法》规定了林业发展规划;《草原法》规定了草原牧业规划;《防洪法》规定了防洪规划、河口整治规划、除涝治涝规划;2003年国家发展和改革委员会、国土资源部、国家海洋局组织制定了《全国海洋经济发展规划纲要》;《农业法》规定了农业资源区划等。此外,各地方政府还针对不同的资源要素制定了相应的地方资源规划。不同种类的资源开发规划在具体设计中都强调该类资源的保护和利用,而忽视了流域整体生态系统的保护,由此导致流域生态系统的衰退和恶化。流域是一个不可分割的整体,流域规划必须综合考虑流域生态系统整体利益。流域规划的典范——美国田纳西河流域规划就明确提出了"河流是一个统一整体"的观点,强调必须综合开发流域的自然资源,从长远的观点制定发展规划。

流域生态系统整体规划包括两方面的含义:一是流域地理空间的整体规划。流域是一个不可分割的整体,牵一发而动全身。流域上下游、左右岸等相互影响,例如流域下游的鱼塘常因上游对水量的拦截而干涸;左岸的居民常常喝着右岸工厂排出的污水;支流生态的破坏直接影响着干流生态系统的安全。因此,流域规划要统一综合考虑流域内各种要素对流域生态系统的影响,从流域生态系统整体进行综合规划。① 二是流域生态系统各要素的整体规划。流域是一个复合生态系统,流域规划不仅要对流域生态系统中有重大影响的社会、经济要素进行整体部署和安排,还要将其与自然要素一起纳入流域整体规划中,唯此,才能真正保障流域生态系统的良性发展。

流域整体规划还体现在流域整体规划与其他规划的关系上。流域规划是从宏观上解决流域环境资源的开发利用与生态保护、当前利益与长远利益、流域管理与区域管理以及各部门利益的协调问题,所以,规划必须从流域的整体利益考虑,而不是为了满足某一方面的需要;必须从流域整体的生态质量出发来制定系统的、全面的规划。有关流域的各专业规划和区域规划,如水源保护计划、湿地保护计划、国家河口计划等,可以为流域整体规划提供一个共同的基础,这样就能使流域整体规划既能保障实现流域的整体利益,又能照顾各区域及部门利益,体现流域内各利益主体的利益诉求。需要强调的是,全流域的规划一旦制定,流域规划就应在所有涉及流域的规划中居于统领地位,其他规划都应该服从流域规划,如果与流域规划不一致,其他规划将被废止。

2. 流域规划环境影响评价制度

1998年,国务院颁布的《建设项目环境保护管理条例》首次在法规层面上提出,流域开发、开发区建设、城市新区建设和旧区改建等区域性开发活动编制建设规划时,应进行环境影响评价。这是我国实施战略环境

---

① 唐常春.流域主体功能区划方法与指标体系构建——以长江流域为例[J].地理研究,2011(12):2173-2185.

影响评价制度的开始。2002年,我国颁布的《环境影响评价法》明确将规划纳入战略环境影响评价的范畴,以提高规划的科学性。国务院于2009年8月17日颁布了《规划环境影响评价条例》(国务院令第559号)。该条例提出,规划环境影响评价应包括分析、评价和预测三方面内容:①规划实施可能对相关区域、流域、海域生态系统产生的整体影响;②规划实施可能对环境和人群健康产生的长远影响;③规划实施的经济效益、社会效益与环境效益之间以及当前利益与长远利益之间的关系。《规划环境影响评价条例》第十九条规定,有关规划环境影响评价报告书的审查意见应当包括如下六个方面内容:①基础资料、数据的真实性;②评价方法的适当性;③环境影响分析、预测和评估的可靠性;④预防或者减轻不良环境影响的对策和措施的合理性和有效性;⑤公众意见采纳与不采纳情况及其理由的说明的合理性;⑥环境影响评价结论的科学性。在此基础上,《规划环境影响评价条例》第二十条和第二十一条还分别对审查小组应对规划环境影响报告书提出修改并重新审查意见,以及不予通过的意见的情形做了明确规定。2016年和2018年,全国人民代表大会常务委员会又专门对《环境影响评价法》进行了修订,增加了专门的"规划的环境影响评价"章节。

  流域规划环境影响评价的目的是维护全流域整体生态系统的安全和健康,因此,其评价内容决不能局限于单一时期、单一区域、单一要素。首先,进行流域规划环境影响评价时应了解流域生态阈值。阈值可以理解成某种极限,超越此限,则正常功能得不到保障。也就是说,流域生态阈值是流域生态系统保持良性运行的最后极限,如果流域生态系统状况超过这个生态阈值,流域生态系统就会遭到破坏。流域生态阈值要求,流域规划的环境影响评价应该充分考虑流域生态破坏的严重性和滞后性,在不能确定流域开发利用行为对流域生态系统的影响结果前不要匆忙上马任何项目,以避免给流域生态系统带来无可挽回的巨大损失。生态破坏具有时间上的深远性、空间上的广延性以及后果的综合性、不可逆性,其危害要比环境污染严重、深远得多。国内外的生态恢复与重建的事实都证明,即使倾尽所有人力、物力与财力,并且循着科学的方法对一个已经破坏的生态系统进行恢复和重建,仍旧无法恢复到原有100%生态力水平上来。其次,流域规划环境影响评价制度还应着重在全流域范围内评价规划,解决资源开发利用与生态保护、局部与总体、当前与长远的关系,以及资源的时空分配问题的科学性与合理性。最后,流域规划环境影响评价应对流域的自然、社会、经济状况进行统一考察和评价,根据这一评价结果,在保证流域生态系统健康运行的基础上,对流域内的生态环境、资源利用、产业发展、城市和村镇建设进行合理规划。另外,流域工程项目开发规划的环境评价要特别注重累积影响评价,即评价不同的开发活动迭加所产生的累积效应或作用;而且还应有专门的权威部门负责对规划环境评价结论进行终审,不能仅由规划和建设项目的审批机关来决定环境评价质量,以保障规划环境影响评价的公正性。

3. 流域规划公众参与制度

公众参与是确保规划具有科学性的重要手段。《规划环境影响评价条例》第十三条规定,除了依法需要保密的情形,规划编制机关对可能造成不良环境影响并直接涉及公众环境权益的专项规划,应当在规划草案报送审批前,采取调查问卷、座谈会、论证会、听证会等形式,公开征求有关单位、专家和公众对环境影响报告书的意见;有关单位、专家和公众的意见与环境影响评价结论有重大分歧的,规划编制机关应当采取论证会、听证会等形式进一步论证;规划编制机关应当在报送审查的环境影响报告书中附具对公众意见采纳与不采纳情况及其理由的说明。《关于水可持续发展的都柏林宣言》制定的指导原则二指出,水的开发和管理,应建立在用水者、规划者、决策者共同参与的基础上。流域规划关系到对流域各利益主体利益的潜在影响,因此,流域规划必须由各利益主体参与,才能使其充分了解政策方向,调整自己的行为。首先,流域规划部门应建立完善的流域生态系统信息服务体系。流域生态系统的信息服务功能可以给不同的利益相关者提供不同的价值,以及各种各样不同的发展模式。如果有了这些信息,并能让那些相互竞争的团体共同分享,这样它们或许可以更准确地确定自身的利益,并采取一些投入成本较低的治理行动。因此,流域规划部门应定期提交流域生态系统变化的报告,并加强流域规划信息发布的程序,使公众能及时掌握流域规划的依据和动向。其次,应建立流域规划的咨询听证机制。在规划的编制阶段,要充分发挥多学科技术的综合优势,尊重专家学者意见,以确保流域规划的合理与科学。流域规划的听证制度能充分给予流域内利益相关者了解规划内容并作出评价的机会,避免使规划蜕变为垄断部门攫取利益的手段。同时,法律应明确规定不同利益主体行使其权利保障的有效参与途径,这种权利保障机制应该包括实体的和程序的权利。实体的权利要求保障每个利益相关人都参与到与自己利益密切相关的流域规划中去;程序的权利则是指为保障实体权利得以实现而设定的程序中必须保障的权利。

4. 法律责任制度

流域规划法律责任制度一般包括行政法律责任制度、民事法律责任制度和刑事法律责任制度。我国当前尤其应加强规划法律责任的规制。现行有关法律法规中规划法律责任的缺失使流域规划无法真正落到实处。例如,《水法》第十九条规定,建设水工程必须经流域管理机构或地方人民政府水行政主管部门审查同意。《水法》还在第六十五条第二款规定了违反规划的法律责任。然而,关于规划制定机关在内的行政部门遵守规划的问题,现行法律却没有提及,实际上这些部门对规划的遵守才是规划执行的根本保障。虽然《水法》第十五条规定:流域范围内的区域规划应当服从流域规划,专业规划应当服从综合规划。《水法》第十八条规定:规划一经批准,必须严格执行。《水法》第三十一条规定:从事水资源开发、利用、节约、保护和防治水害等水事活动,应当遵守经批准的规划。但这些规定在实践中却形同虚设,因为《水法》没有规定相应的法律责任来惩罚不遵守规划的行为,就很难保证各行政部门在实际工作中真正贯彻规划,并保证规划的落实。另外,我国《行政诉讼法》第十三条明确规定,人民法院不受理行政法规、规章或者行政机关制定、发布的具有普遍约束力的决定、命令。由此,各区域规划作为各行政机关制定发布的具有普遍约束力的决定,即使该规划与流域规划背道而驰,即使它对流域生态系统会造成巨大的危害,对其提起诉讼也必然被拒绝,因为规划是各区域行政机关的抽象行政行为,流域管理机构及其他利益相关人根本没有任何法律依据向司法机关主张撤销和更改该区域规划。因此,我国法律法规应该明确规定所有主体违反流域规划的法律责任,并制定具体的程序来保障规划的实施,以使流域规划真正起到对流域生态系统整体管理的引领作用。

二、流域生态功能区划制度

2000年,《国务院关于印发〈全国生态环境保护纲要〉的通知》(国发〔2000〕38号)要求开展全国生态功能区划工作。《中华人民共和国国民经济和社会发展第十一个五年规划纲要》第二十章明确提出:"根据资源环境承载能力、现有开发密度和发展潜力,统筹考虑未来我国人口分布、经济布局、国土利用和城镇化格局,将国土空间划分为优化开发、重点开发、限制开发和禁止开发四类主体功能区,按照主体功能定位调整完善区域政策和绩效评价,规范空间开发秩序,形成合理的空间开发结构。"2008年,根据《全国生态环境保护纲要》《国务院关于落实科学发展观 加强环境保护的决定》(国发〔2005〕39号)的要求,环境保护部和中国科学院联合编制了《全国生态功能区划》。2009年7月9日,环境保护部办公厅发布了《国家重点生态功能区保护和建设规划编制技术导则》的通知(环办〔2009〕89号),该通知明确规定:重点生态功能区是指在涵养水源、保持水土、调蓄洪水、防风固沙、维系生物多样性等方面具有重要作用的区域,需要国家和地方共同管理,并予以重点保护和限制开发的区域。2015年,为落实《环境保护法》《中共中央关于全面深化改革若干重大问题的决定》《中共中央、国务院关于加快推进生态文明建设的意见》等关于加强重要区域自然生态保护、优化国土空间开发格局、增加生态用地、保护和扩大生态空间的要求,环境保护部和中国科学院在2008年印发的《全国生态功能区划》基础上,联合开展了修编工作,形成《全国生态功能区划(修编版)》。

流域生态功能区划是根据流域生态系统功能和结构特征,从全流域整体生态系统保护出发对流域生态功能进行区别划分的制度安排。

(一)生态功能区划是流域生态系统管理的重要手段

《全国生态功能区划》在前言中指出:全国生态功能区划是生态保护工作由经验型管理向科学型管理转变、由定性型管理向定量型管理转变、由传统型管理向现代型管理转变的一项重大基础性工作,是科学开展生态环境保护工作的重要手段,是指导产业布局、资源开发的重要依据。生态功能区划不应再单纯强调某一类资源要素的管理与保护,而是应注重于对某一区域资源环境系统的综合、整体管理。

生态功能区划对流域生态系统管理具有重要作用。其具体表现为：第一，能够识别和确认流域重点生态功能保护区，对该区域实行特别管理和保护，禁止或限制这些区域内的资源开发利用。第二，为流域内资源开发利用项目设定生态保护目标，不因资源开发改变生态功能。第三，为流域生态系统管理相关制度安排提供分类指导的依据，明确流域生态功能区生态环境监测、检查和考核的目标，对领导干部任期内生态功能严重退化的，追究主要负责人的责任；对造成生态功能破坏的项目，追究项目法定代表人的责任，从而逐步完善流域生态管理的决策效率。

（二）生态功能区划应遵循的原则

生态功能区划是一种"生态地图"，是根据区域生态环境要素、生态环境敏感性与生态服务功能空间分异规律，将区域划分成不同生态功能区，以生态功能区规范区域生态环境保护与发展规划、资源合理利用、工农业生产布局等活动的全版图性的分区行为。它不仅提供了生态功能重要性和生态环境敏感性的基础信息，而且还结合人类活动的影响，辨识出进行重点保护的生态功能区域。

国务院于2000年颁布的《全国生态环境保护纲要》提出，要在江河源头、重要水源涵养区、防风固沙区等建立生态功能保护区，对生态系统退化的重要生态功能区域实施抢救性保护。2004年，原国家环保总局编制了《全国重点生态功能保护区建设规划》。该规划的总体目标是建立较完善的重要生态功能区域管理体系及其相应的管理、法律、法规及标准体系。《中华人民共和国国民经济和社会发展第十一个五年规划纲要》首次将国土空间划分为优化开发、重点开发、限制开发和禁止开发区域四类主体功能区，并对之实行不同的区域管理政策，包括财政政策、投资政策、产业政策、环境保护政策等。《国务院关于印发全国主体功能区规划的通知》（国发〔2010〕46号）规定，《全国主体功能区规划》是我国国土空间开发的战略性、基础性和约束性规划；一定的国土空间具有多种功能，但必有一种主体功能；必须区分不同国土空间的主体功能，根据主体功能定位确定开发的主体内容和发展的主要任务。《中华人民共和国国民经济和社会发展第十三个五年规划纲要》强化了主体功能区作为国土空间开发保护基础制度的作用，要求加快完善主体功能区政策体系，推动各地区依据主体功能定位发展。

根据生态功能区的功能作用,生态功能区划应遵循以下基本原则:

(1) 生态系统完整性原则。承认和尊重生态系统的自然"系统"边界,保持其完整性。对生态系统完整性的评价,是划分不同的生态功能保护区的依据。生态系统完整性的程度不同,对其采取的管理方式也不同。

(2) 与管理需求相适应的尺度原则。生态系统在空间和时间上是按不同的尺度水平组织的,生态系统管理也是在从局部、区域到全国的多个尺度上进行的。生态功能区作为生态系统管理单元,要在与管理需要相适合的尺度水平上划分。

(3) 空间连续性原则。某一等级水平上的生态功能分区之间是连续的,既不能重复也不能重叠。

(4) 生态功能与经济功能相结合的原则。生态功能不仅具有自然属性,而且具有社会属性。因此,生态功能区划应当反映自然生态系统与人类经济行为相互的作用和影响。一个区域特有的劳动生产方式和土地利用格局是该区域生态系统特有的自然条件的反映,凝结了人类在利用该自然条件、维持自然生态系统方面的智慧。

(三) 我国流域生态功能区划划分方法

我国流域流经范围广泛,大江大河从西到东,奔流到海,不仅流经许多行政省区市,往往也覆盖了众多不同的自然地理单元。各自然地理单元都具有不同的自然景观、森林植被和气候特征。根据流域内不同地貌、土壤、气候特点划定不同的生态功能区,可以充分了解流域内区域生态系统类型的功能结构、演变过程及其空间分布特征;同时,也能够明确区域主要生态环境问题及成因,从而能够因地制宜,针对具体的生态环境状况制定不同的对策。

根据我国大陆地区自然状况,全国流域生态功能区划在大的尺度上可依据流域自然边界进行划分,对于那些没有流域或与流域关系不大的地区(如干旱区),或仅有少数小河流的地区,使用流域与生态区相结合的划分。①

---

① 燕乃玲.生态功能区划与生态系统管理:理论与实证[M].上海:上海社会科学院出版社,2007:43-47.

流域生态功能区划应以保障流域生态系统整体安全为出发点,根据每条流域生态系统功能和特征进行划分,对于流域内一些关键地区的生态环境问题需要特别关注,如流域上游地区、三江源地区等对我国生态环境安全和生物多样性保护有重要影响的地区要重点进行规划。从目前我国整体流域分布来看,一级流域生态功能区划可以划分为珠江流域、长江流域、西南诸河流域、太湖流域、淮河流域、黄河流域、海河流域、辽河流域、松花江流域以及西北诸河流域等;在这些一级流域生态功能区再根据流域内不同的自然地理特点划分二级流域生态功能区,如长江流域源区生态功能区、长江流域上游川江段水土保持生态功能区等。

(四)完善流域主体功能区生态补偿机制

流域通过干支流水系这条动力纽带,将上中下游不同区域、不同部门、不同人类活动紧密地联系在一起。然而,由于不同区域自然地理特征不同,社会经济发展存在较大差异,社会经济发展和生态文明建设的程度也不一致,因此,上中下游局部区域的经济发展与全流域的生态环境保护常常出现矛盾。建立适宜的流域生态补偿机制,使各区域公平承担流域生态系统的维护义务,不仅有利于保护流域生态环境,而且对促进全流域社会、经济的发展也具有重要的作用。

流域生态功能区划试图从规划、政策等方面通过调整限制开发区域和禁止开发区域的发展模式,保障全流域的可持续发展。但这种调整也会给限制开发区和禁止开发区产生两方面直接的影响:一方面减少了当地居民利用当地自然资源谋求发展的机会,带来收入上的损失;另一方面减少了当地政府用于公共服务的收入来源,同时也增加了当地政府进行生态保护建设的负担。①

流域生态补偿制度是为保障流域整体利益的实现,对因保护流域整体生态系统健康和安全而受损的区域或区域内居民给予补偿的规范措施。生态补偿并不同于民法中的因违法或违约而导致的损坏赔偿,生态补偿行为的发生源于法律或政策规定应该给予的补偿,是对因保护流域整体生态系统健康和安全而受损的区域或区域内居民应该给予的补偿。

---

① 陈冰波.主体功能区生态补偿[M].北京:社会科学文献出版社,2009:7-8.

生态补偿的形式一般包括：①受益者对受损者的补偿。这种情况又包括：一是流域下游对上游的补偿，体现为下游地区对上游地区输送流域优质资源（主要体现为水资源）的补偿。二是流域受益区对受灾区的补偿，体现为流域内某特定区域为了维护全流域的利益而牺牲本区域的利益，流域受益区对受灾区所遭受的损失而做出的补偿。②政府为保障全流域的整体利益，对弱势地区进行的补偿，主要形式为纵向财政转移支付。

流域生态功能区划对限制开发区域带来的生态环境保护和建设成本，与这些区域外的其他地域因其环境溢出效应而受到的显著惠益一样，都是显而易见的。因此，"是否需要由受益区（如重点开发区和优化开发区）对限制开发区和禁止开发区实施生态系统保护和生态修复及管理等活动进行补偿、补偿多少、如何补偿，这些都是指定主体功能区域政策、推进主体功能区域规划落实需要回答的重要现实问题。"①

三、流域生态环境标准制度

流域生态系统恶化的主要原因是人类活动超过了流域生态系统阈值，流域生态系统不能消解人类对流域生态系统的污染和破坏行为。因此，要维护流域生态系统健康发展，必须先要设立流域生态标准，防止人类的经济行为超过流域生态阈值。流域生态环境标准是依据科学、定量的方法来预测和判断流域生态环境负荷的客观依据。

（一）我国生态环境标准现状考察

生态环境标准是环境监督管理的依据。从1973年我国颁布首个环境标准——《工业"三废"排放试行标准》以来，我国的环境标准经历了一个从无到有、从少到多、从单一标准发展到比较完整的环境标准体系的过程。随着环境保护整体主义理念的发展，我国环境标准体系建设也不再是过去那种单纯地针对污染防治的格局，而愈益重视从生态系统各要素建立生态环境保护的标准。生态环境保护标准已经成为我国环境标准体系的重要组成部分，是我国生态环境保护定量化管理的重要依据。但是，

---

① 陈冰波.主体功能区生态补偿[M].北京：社会科学文献出版社，2009：8.

"由于我国的生态环境保护职能分属各有关部门,涉及生态环境保护内容的标准也分散在不同的标准体系中,既有强制标准,也有推荐标准。"①截至2017年,我国累计发布国家环保标准2 038项,废止标准285项,现行标准1 753项。流域生态环境标准也适用这些环保标准,如《地面水环境质量标准》《土壤环境质量标准》《景观娱乐用水水质标准》《地下水环境质量标准》等。由此可见,目前流域生态环境标准适用的是单一环境资源要素保护的标准,并没有从流域生态系统本身的保护进行制定。由此导致的结果是:尽管人类行为都符合相关单一的环境标准,但由于对流域生态系统整体的安全标准不了解,也会造成流域生态系统的衰退和恶化,从全流域生态系统整体出发制定流域生态标准,对于保护流域生态系统健康和安全是非常必要的。

(二)流域生态环境标准体系

流域生态环境标准体系是为了维护流域生态系统的安全和健康运行,依法制定的各种标准的总称。它是在综合研究的基础上,经有关部门批准,赋予法律效力的技术准则。流域生态环境标准体系在衡量、评价流域生态系统安全质量,限制和约束流域内人们的行为活动,制定流域规划,检查产品环境性能,进行生态系统质量监测,加强监督等方面具有重要的作用。

流域生态环境标准体系包括:①流域生态系统安全质量标准。该标准是体现流域生态阈值,保障流域生态系统健康运行的最低安全标准。该标准的编制应由流域相关管理机构负责,在充分征求各区域、专家及公众意见的基础上,根据流域内不同功能区各主要环境要素的使用功能、使用目的和保护目标进行确定。②河流污染物排放标准。该标准是为了实现流域水环境质量目标,结合技术经济条件和环境特点,对限制排入流域水环境中的污染物或对流域水环境造成危害的其他因素所作的规定。③流域生态系统监测方法标准。该标准是为监测流域生态系统质量和污染物排放,规范流域生态系统采样方法、分析测试、数据处理等技术所作

---

① 曹学章,沈渭寿,唐晓燕.建立我国生态环境标准体系的初步构想[J].农村生态环境,2005(04):77-80.

的规定。④流域生态系统保护基础标准。该标准是对流域生态系统保护工作中所需要的技术术语、符号、代号(代码)、图形、指南、导则及信息编码等所作的统一规定。上述几种标准存在着相互联系、相互补充的关系。其中,流域生态系统安全质量标准规定,流域生态系统的安全质量目标是制定污染物排放标准的依据;河流污染物排放标准(包括污染物排放浓度标准和污染物排放总量标准)是实现流域生态系统安全质量标准、控制排污活动的主要工具;流域生态系统监测方法标准是执行安全质量标准、污染物排放标准、判断监测活动的有效性、保证监测数据准确、可靠的主要技术依据;流域生态系统基础标准是制定其他标准的技术基础。

流域生态环境标准由流域管理部门根据流域生态系统状况进行制定,各区域要按照流域生态系统安全质量标准的要求制订计划、采取措施,在规定期限内使本地区的流域生态环境质量达到规定的安全质量标准。各区域也可以制定地方标准,但其标准应高于流域标准。在区域地方环境质量标准方面,流域内各区域可以针对流域生态环境标准未涉及的方面,制定地方环境质量标准,并报流域机构备案。环境标准一经批准发布,有关组织、单位和个人必须严格贯彻执行,不得擅自更改或降低标准。流域管理部门应加强监督检查,对不执行强制性环境标准的组织、单位和个人,依照法律和法规的有关规定予以处理或处罚。

四、流域生态环境教育和培训制度

流域生态环境与流域内居民的社会生活方式紧密相关,良好的生活习惯及消费模式可以大大减轻对流域生态环境的破坏。正如施里达斯·拉夫尔所云:"消费问题是环境危机问题的核心,人类对生物圈的影响正在产生着对环境的压力,并威胁着地球支持生命的能力。从本质上说,这种影响是通过人们使用或浪费能源和原材料所产生的。"① 2020年3月,中共中央办公厅、国务院办公厅发布的《关于构建现代环境治理体系的指导意见》提出,到2025年要建立健全环境治理的七大体系,其中,提高公民环保素

---

① 施里达斯·达夫尔.我们的家园—地球—为生存而结为伙伴关系[M].夏堃堡,等,译.北京:中国环境科学出版社,1993:57.

养是健全环境治理全民行动体系的重要内容。因此,坚持不懈地进行生态环境教育和培训,努力提高流域内居民的环境保护意识,转变传统有损环境的生活和消费模式,是流域生态系统保护的关键环节。

(一) 现行流域生态环境宣传教育法律规制的不足

2014年修订的《环境保护法》第九条规定,各级人民政府应当加强环境保护宣传和普及工作,鼓励基层群众性自治组织、社会组织、环境保护志愿者开展环境保护法律法规和环境保护知识的宣传,营造保护环境的良好风气。教育管理部门、学校应当将环境保护知识纳入学校教育内容,培养学生的环境保护意识。新闻媒体应当开展环境保护法律法规和知识的宣传,对环境违法行为进行舆论监督。该条作为我国生态环境教育的"宪法性条款",对推动生态环境教育发展有重大意义。① 然而,《环境保护法》中生态环境教育条款的有效实施却面临如下诸多障碍。

(1) 生态环境教育宣传教育工作机制不健全。现行法律没有规定流域环境宣传教育的义务主体、经费保障和激励机制;没有明确的环境宣传教育机构;生态环境教育考核机制不健全,宣传教育没有纳入考核范围;没有确立生态环境教育的形式,义务教育阶段没有将有关环境保护的法律法规纳入课程学习。

(2) 生态环境宣传教育的形式单一。目前生态环境宣传教育一般采取的是针对性、特定性的宣传模式,即有关单位在特定时间(如世界水日、世界环境日等特定节日)偶尔宣传,宣传的持续性不够,受众较少,难以形塑人们的生态环境意识和行为习惯。此外,目前的生态环境宣传教育流于形式,没有将生态环境宣传教育与城市和农村的现状有机结合,脱离社会生产生活实际,因而宣传教育效果不佳。

(3) 生态环境宣传教育队伍力量薄弱。生态环境宣传教育队伍多为一时工作之需临时组建,敷衍应付上级检查,缺少长效宣传机制;同时,宣传人员缺少生态环境保护专业知识,对生态环境保护宣传缺乏热情,工作积极性不高;生态环境的基础教育、专业教育与社会公众教育的配合度低。

---

① 吴惟予,肖萍.新《环境保护法》"环境教育"条款有效实施的思考——以环境教育立法为出路[J].生态经济,2015(11):171-175.

(二) 流域生态环境教育培训制度的完善

流域生态环境教育培训内容涉及流域内居民社会生活的各个方面,要让公众参与流域生态管理,以提升流域内居民的环境保护意识。公众参与不仅应让公众对已经制定好的规划有发表意见的机会,而应使参与的公众从一开始就共同探讨问题,共同确定可行的解决方案,使有关各方都有机会及早提出看法、意见和方案。具体来说,可从以下几个方面着手。

(1) 加强宣传教育,提高流域生态系统管理的透明度,倡导公众参与。众所周知,公众生态环境保护意识和行为与流域生态环境状况紧密相关。因此,应通过各种途径向公众宣传有关环境保护和流域管理的方针、政策、法律、科学知识,提高公众的环境保护和水资源保护意识,比如定期公布有关流域的各项政策及生态环境保护工作、流域内的水资源、水环境状况,充分保障公众的知情权,从而为公众履行其他权利奠定基础;培养公众的流域环境保护意识,使公众树立流域生态整体主义观念,充分意识到人是自然的一部分。流域内居民只有仰赖流域良好的生态环境和资源才能更好地生活,从而自觉保护生态环境,按照生态规律处事。普及保护生态环境的教育理念和技术方法,例如《暴雨排水模板计划》是北美一个成功的公众水污染教育计划,该计划的目的是让公众知道,暴雨污水一般不经过任何处理就会排入附近的湖泊或河流,从而让公众帮助减少暴雨污水的污染程度,该计划通过持续培训志愿者在防治非点源污染方面取得了明显的成效。很多社区发现,用这种方法减少非点源污染花钱最少、最有效。①

(2) 加强立法工作,健全有关公众参与环境保护特别是流域管理的法律法规,使公众参与流域生态系统保护的活动有法可依。例如,在立法中应明确政府生态环境教育机构及职能,设立生态环境教育考核机制;强化公众的环境保护义务,使各主体为保护流域整体利益,也为保护自己的权益而主动履行义务,真正成为流域生态系统保护的主体;保障公众对流域

---

① 徐辉,等.流域水污染防治立法研究:以黄河流域甘肃段为例[M].兰州:兰州大学出版社,2004:63.

管理享有知情权,并确立公众对流域管理的监督权、质询权,使公众既是流域管理的守法者,又是流域管理的监督者。

(3) 在流域管理机构中吸收公众参与决策和管理。流域管理机构在实施流域生态环境保护和资源管理的重大决策时,应吸收代表不同利益的主体参与决策过程。为了兼顾流域公共利益以及各区域间、各相关利益主体间的利益,流域管理机构可依法建立由各方代表参加的联合决策机构,明确其地位和权限范围,规定具体程序和决策的法律效力。① 在涉及环境流域资源整体规划、总量的区域配置、水资源税费征收、重大建设项目投资分配、制定相关管理政策和决策时,流域管理机构要吸收相关主体代表参与决策过程,采取民主与协商的形式,与相关利益主体进行合作式的管理,并接受公众的监督和参与。同样,流域区域管理机构代表地方政府在职权范围内进行相应的决策时,也须实行多部门、多利益主体参与的决策制度,这样可以协调各方利益,减少管理成本,促进社会公平。

第四节 流域生态补救制度

流域生态补救制度是指对已经发生的流域内的生态侵害或损害采取综合措施,以防止损害扩大并找出原因、分清责任和救济被害者的制度。其主要着眼于纠正不法和不当行为、补救行为缺陷、填补实际损失,在法律适用上既有行政的方法也有司法的方法。从中国环境与资源保护法律的具体规定看,流域生态补救制度一般包括流域突发环境事件应急制度、流域生态系统恢复制度和流域环境纠纷解决机制等。从流域自然生态系统保护出发,本节重点讨论流域突发环境事件应急制度和流域生态系统恢复制度。

一、流域突发环境事件应急制度

为了预防和减少突发事件的发生,控制、减轻和消除突发事件引起的

---

① 王秀哲. 我国环境保护公众参与立法保护研究[J]. 北方法学,2018,12(02):103-111.

社会危害,规范突发事件应对活动,保护人民生命财产安全,维护国家安全、公共安全、环境安全和社会秩序,2007年8月,我国出台了《中华人民共和国突发事件应对法》(以下简称《突发事件应对法》)。《突发事件应对法》是一部专门规定应急制度的法律,形成了适用于突发事件的预防与应急准备、监测与预警、应急处置与救援、事后恢复与重建等一系列应对活动。2010年,环境保护部发布了《突发环境事件应急预案管理暂行办法》;2014年,国务院办公厅发布了《国家突发环境事件应急预案》;2015年,环境保护部将《突发环境事件应急预案管理暂行办法》修订为《突发环境事件应急管理办法》并正式发布。以上相关法律法规、规范性文件明确规定了我国突发环境事件应急的组织体系、监测预警及应急保障制度体系。流域生态系统的整体性、复杂性要求流域突发环境事件制度构建重点应围绕以下几个方面。

(一)流域突发环境事件预警制度

从某种程度上讲,流域突发环境事件应对的更重要的意义不是事后的补救,而是事前的预防。流域突发环境事件预警制度集中体现了这一理念。如果预警制度做到位,就能更有效地避免风险,防止流域环境事件的突发;即使事件不可避免地发生,预警制度中的信息收集等措施也可以帮助有效应对突发事件。但流域突发环境事件预警制度的落实在现实中常常表现为相关部门各自为政,流域生态系统整体利益难以保障。流域生态环境突发事件预警制度的构建必须以流域整体利益保护为基础设计相关制度,为此,应做好以下几方面的工作。一是建立信息共享机制。流域生态系统是一个统一的整体,应当在全流域层面建立统一的信息共享平台,相关信息的收集和整理应当全流域共享,流域内各应急管理的责任主体应在各自的职责范围内负责信息的收集工作,建立信息分享数据库。流域内各环境资源利用主体应当积极配合,建立日常数据监控、设备维护等制度,并积极提供相关数据。二是风险分析。流域突发环境事件应急管理部门应当建立专门机构,组织有关专家,结合国内、国际各种经济数据、政治动态等情况对上述信息进行风险分析,做到早发现、早报告、早处置。三是信息发布。信息发布是流域突发环境事件应急管理部门与流域内居民沟通的重要渠道。只有进行及时、全面的信息发布,才能够保障公众的知情权,也有利于广大公众配合应急措施的实施。四是预警应对。流域突发环境事件应急管理部门可根据实际情况确定预警级别,并采取相应的应对措施。预警应对应当明确应急管理部门的首要职责及统筹协调职能,避免部门之间各自为政而造成预警应对的不及时、不充分。

(二)流域突发环境事件应急管理组织体系

当前,我国已经初步建立了分类管理、分级负责、条块结合、属地为主的应急管理体制。近年来,在各级政府的领导下,各地区和各部门的应急处置队伍建设得到了加强;同时,各级政府应注意充分动员和发挥乡镇、社区、企事业单位、社会团体和志愿者队伍的作用,初步形成了政府和公众力量相结合、专业队伍和兼职队伍相结合的应急处置组织体系。流域突发环境事件不仅涉及面广,而且往往情况复杂,因此应成立由应急领导机构、综合协调机构、专业指导机构、应急支持保障部门和专家咨询机构组成的复合组织体系。

1. 应急领导机构

流域生态系统复杂多变,流域突发环境事件所涉及的部门比较多,而且,许多流域都是跨行政区域的,流域突发环境事件一旦发生,单靠隶属于某一行政区域的应急管理部门难以协调解决。因此,必须成立一个权威的领导机构负责处理流域突发环境事件。然而,现行各流域水利委员会没有此项职责,而且其事业单位的性质也无法胜任突发事件应急处理工作。目前,国家已建立黄河流域协调机构,可以由黄河流域协调机构统筹协调跨行政区域的流域突发环境事件。

2. 综合协调机构

在流域协调机构之下,应当设立一个应对流域突发环境事件的综合协调机构。该综合协调机构应熟悉流域内整体状况,负责具体协调流域内各区域、各部门的应急管理工作。根据流域管理机制安排,各流域委员会应该承担流域突发环境事件综合协调机构的职责。

3. 专业指导机构

流域是一个复杂的生态系统,流域突发环境事件涉及各环境资源要素等众多方面。鉴于我国现行环境资源管理采取的是统一管理与部门管理相结合的管理体制,因此,流域突发环境事件发生后,应根据事件的具体情况,由相应的专业管理部门在各自领域内具体分类指导。例如,如果发生矿产资源破坏流域生态环境的事件,流域委员会可协调矿产资源管理部门进行应急处理。

4. 应急支持保障部门

在流域突发环境事件应急管理组织体系中,除了专业指导机构,还应设立应急支持保障部门。应急支持保障部门对专业指导机构的工作起着十分重要的支持和保障作用,如公安部门维护突发环境事件发生地的社会秩序,医疗部门及时采取救治措施,保证受灾群众饮水和食品安全等。

5. 专家咨询机构

流域生态系统的复杂性要求流域突发环境事件应急工作需要相关专家提供专业技术支持,因此,在流域突发环境事件应急管理组织体系中应设立专家咨询机构,为领导机构和综合协调机构的决策提供科学依据,从而保证应急措施的科学、正确。①

(三)流域突发环境事件应急责任

从国内外实践看,流域内突发环境事件具有影响范围广、涉及经济社会各领域、应对措施复杂等特点,因此流域突发环境事件应急的主体具有多样性,需要建立政府主导应急全过程的体制,并形成预警期、应急期和恢复重建期的多元应急机制,从而有效化解流域突发环境事件的风险和造成的损失。因此,流域管理相关法律法规应当规定相关主体的法律责任。首先,对于国家机关工作人员未依法履行流域突发环境事件应急管理职责,因失职渎职造成重大流域环境风险的,由所在单位给予当事人警告、停职、撤职直至开除公职的行政处分,对直接造成严重后果的应依法追究刑事责任;其次,对未按规定制定应急预案或采取预防措施,造成流域环境风险安全隐患的,由流域突发环境事件应急管理机构给予公开警示、通报批评,并责令其纠正;最后,流域突发环境事件应急期间,对故意造谣惑众或散布不实言论,扰乱经济社会秩序、错误引导公众舆论的,由当地人民政府给予警告、批评,责令其纠正并公开道歉,可同时判处罚款,情节严重、影响十分恶劣的应依法追究其刑事责任。

---

① 张建伟.政府环境责任论[M].北京:中国环境科学出版社,2008:148-149.

二、流域生态系统恢复制度

长期以来,人类对流域资源环境的恣意开发和过度利用强烈干扰了流域生态系统的内部构成,最终超过流域生态阈值,导致流域生态系统的退化①。"相对于那些偶然发生的、短期的原生环境问题而言,人类活动造成的生态系统环境的影响更为持续广泛,而且往往具有长远的后果。这就要求人类对其活动影响下受到破坏的生态系统进行恢复,对环境的污染进行治理。"②目前,流域生态系统恢复的重要性已成为世界性共识,有人甚至提出纳入国家基础建设发展战略③。

习近平总书记高度重视生态修复。2018年5月18日,习近平总书记在全国生态环境保护大会上指出:我们都要坚持节约优先、保护优先、自然恢复为主的方针,不能只讲索取不讲投入,不能只讲发展不讲保护,不能只讲利用不讲修复,要像保护眼睛一样保护生态环境,像对待生命一样对待生态环境,多谋打基础、利长远的善事,多干保护自然、修复生态的实事。④

(一)流域生态系统恢复的法律内涵

目前,鲜有学者对流域生态系统恢复法律内涵作出专门的定义和解释。生态系统的复杂性、多变性需要我们先从恢复生态学理论视角分析"恢复"一词的含义。鉴于每一个生态系统的形成都有其历史过程,由于气候变化、关键物种缺失或新物种入侵,完全恢复到先前的生境状态是不可能的。因此,生态系统恢复应是对衰退的生态系统进行改良或重建,并恢复其功能潜力。在恢复过程中,被破坏的生态系统得到修复,生态系统的结构和功能得以再造。

流域是地球生态系统的重要组成部分,流域生态系统恢复是地球生

---

① 陈晓景.流域立法义务本位探析[J].当代法学,2008(04):83-88.
② 吕忠梅.超越与保守——可持续发展视野下的环境法创新[M].北京:法律出版社,2003:358.
③ 李百炼,伍业钢,古滨河.建议将流域生态系统修复纳入国家基础建设发展战略[J].科技导报,2009,27(17):18.
④ 汪晓东,刘毅,林小溪.让绿水青山造福人民泽被子孙——习近平总书记关于生态文明建设重要论述综述[N].人民日报,2021-06-03(03).

态系统恢复的重要环节，也是基础环节。流域生态系统恢复也要先考虑其生态系统发展的历史过程，并明确流域生态系统恢复的目标。因此，结合流域生态系统的结构和功能特征，流域生态系统恢复应注意把握好以下两点：第一，要根据生态学原理，通过一定的生物、生态、工程技术手段以及大规模的社会经济投入，对退化的流域生态系统进行整治，切断流域生态系统退化的主导因子和过程，调整和优化系统内部及其与外界的物质、能量和信息的流动过程和时空秩序，恢复流域生态系统合理的结构、高效的功能和协调的关系，使流域生态系统的结构、功能和生态潜力成功地恢复到原有乃至更高的水平；第二，流域生态系统是一个自然、社会、经济复合的生态系统，流域生态系统的恢复必须综合考虑流域内的生态、社会、经济各因素。自然生态系统的恢复要与流域经济生产方式的重建以及流域内人们生存、生活方式的重建结合起来，尤其应通过对流域产业结构进行战略性调整，寻求产业链与生态链有机整合的生态生产发展模式以确保流域生态系统恢复的实现和可持续。

　　就法律内涵来讲，流域生态系统恢复法律制度是指为避免流域生态系统遭到进一步退化和破坏而设立的，由特定主体对遭到破坏的流域生态系统采取恢复和重建措施的法律制度。需要指出的是，流域生态系统恢复法律制度的目的是恢复遭到破坏的流域生态系统，它既包括退化的流域自然生态系统，也包括不协调的流域社会和经济生态系统。流域各资源环境要素对流域生态系统的健康发展具有不可或缺的作用。流域资源不仅具有经济价值，更重要的是具有生态价值和社会价值，而且其生态价值远远大于经济价值，对其的损害赔偿不是以简单的经济赔付就可以弥补。例如，流域上游的森林资源不仅具有经济价值，其对调节气候、涵养水源、保持水土、控制中下游水量具有关键意义，并且还可以保护流域和野生生物的栖息地以及提供许多其他生态服务，仅仅赔偿对其采伐的经济价值，是无法弥补对其所造成的生态损失的。因此，设立流域生态系统恢复法律制度的直接目的就是恢复流域环境资源所具有的生态功能，保障流域自然生态系统的健康发展。然而，流域自然生态系统的破坏是由人类某些不合理的经济活动直接造成的，因此，在流域经济系统与自然生态系统之间重建稳定、可持续发展的关系，实现流域生态、经济、社会和谐发展的生态生产模式是流域生态系统恢复的终极目标。"重建"是流域生态系统结构调整优化和功能增强的过程,也是在流域自然生态系统约束下的社会经济系统结构优化与发展的过程。流域生态环境的保护与社会经济的发展是一个问题的两个方面,若不重视流域生态环境保护与社会经济发展相结合,流域自然生态系统的恢复难以得到真正实现。

(二)流域生态系统恢复的主体与客体

人类要维护自身的长远利益,必须要对流域生态系统的破坏和退化履行恢复与重建的义务。但是,人作为"经济人",其特性决定了并不是流域内的所有主体都会积极地履行对流域生态系统的维护义务。基于此,流域生态系统恢复主体可以分为两类:一类是自力恢复主体;另一类是强力恢复主体。自力恢复主体指没有破坏流域生态系统的行为,而自愿主动为流域生态系统的恢复和重建履行义务的行为人。该行为可能是流域外对流域生态保护有觉悟的非利益相关者通过某种形式的捐助和资金募集,包括国际、国内各种组织和个人通过物质性的捐赠和捐助,与流域生态保护义务群体之间建立的惠益关系;也可能是流域内对流域生态保护有责任感的利益相关者实施的流域生态恢复的义务行为;为保护流域生态公共利益,多元主体共同配合,根据各自所承担的生态修复责任,分层次、有序进行生态修复工作。强力恢复主体指根据法律规定,其必须对流域生态系统恢复履行义务的行为人。该类主体包括对流域生态系统负有恢复与重建义务的国家(政府为代表的)和因其行为对流域生态系统造成破坏或可能造成破坏的组织和个人等。国家是流域公共利益的最大、最终代表者,同时也是最强有力的维护者,政府责无旁贷应当承担起保护公共利益的"兜底性责任"。

政府负担的这种义务既包括国家本身对流域生态系统维护的职责,也包括政府因其政策失误对流域生态系统造成破坏而必须承担的流域生态系统恢复义务。国家实施生态恢复的方式主要有(中央政府或国家机构)财政拨款和补贴、政策调控、技术输入、生态移民等。中央政府给予的财政拨款补贴是最为直接和典型的流域生态系统恢复方式,其为流域生态保护和建设提供稳定的资金来源。流域资源环境的开发利用者因其对流域环境资源的开发利用行为而导致或可能导致流域生态系统结构与功能改变的,也要强制履行流域生态系统恢复义务。

法律关系的客体是法律关系主体的权利和义务所指向的对象。法律关系的客体一般包括物、行为、精神财富和其他权益。由此,流域生态系统恢复制度的客体应该是流域生态系统恢复中法律关系主体的权利和义务所指向的对象,具体包括流域生态系统及人们对流域生态系统恢复与重建的行为。流域生态系统内任何要素的恶化都会导致整个流域生态系统的改变,所以,流域生态系统是一个综合体,既包括流域内水、土、气等流域自然生态系统,也包括影响流域生态系统结构与功能的流域社会经济各要素。流域生态系统恢复行为指流域生态系统恢复主体在恢复和重建流域生态系统的过程中进行的有目的、有意识的活动,如流域生态系统管理者恢复和重建流域生态系统的行为。

(三) 流域生态系统恢复的制度完善

制度是决定经济发展和社会进步的重要因素。如果流域生态系统恢复制度设计和运行良好,流域内生态、经济和社会稳定、可持续发展的生态生产模式就会得到重建;如果制度设计不合理,流域生态环境将进一步退化,并阻碍流域内社会经济的发展。

目前,我国有关环境资源的法律法规对流域生态系统恢复的制度安排已经初成规模。但是,根据流域生态系统的特性和功能,现行制度安排对于切实保障流域生态系统的良性运行和健康发展还有很大差距。这些制度缺欠主要表现在两个方面。

(1) 缺乏统一的流域生态修复整体目标和规划。流域是一个集水区域,流域内任一资源环境要素都对流域生态系统有着重大的影响。流域生态系统的整体恢复绝不是流域内某单一环境资源要素的恢复就能达到的。然而,我国现行法对流域生态系统恢复的规定是一种各单一资源要素分别立法的模式,这种模式割裂了流域生态系统整体性的特征,无法保障流域整体生态系统恢复与重建目标的实现。再则,流域生态系统的破坏从根本上说是流域经济发展造成的,是人类为赢得现实的经济效益而牺牲流域生态环境的结果。现行法律法规对流域生态系统恢复的规定忽视了与流域社会经济发展的有机结合,没有从流域生态系统整体出发来规范流域的恢复和重建。许多规定仅仅注重对过程的恢复,仍然是简单的"头痛医头、脚痛医脚"之法,欠缺从源头出发给予整体治理的制度安排。另外,现行法律法规也忽视了流域生态系统地理上的整体性特征,对流域生态系统恢复的规定仍然是流域内各区域分别进行、各自为政的模式,缺乏统一全面的规划和顶层设计。

(2)流域生态系统恢复的分割化、部门利益化。① 目前,我国对流域生态系统恢复管理是各流域资源要素分散化的管理模式,流域生态系统中的水、土、林、草等要素被不同的行政部门分割管理。一般而言,我国流域生态恢复的资金由国家财政拨款,按照各资源要素恢复对象由对口行政主管部门承担,资金也拨付到该部门,如植树造林资金由林业部门承担、水土保持资金由水利部门承担等。然而,这种部门化管理的流域生态系统恢复制度使各行政部门仅仅考虑本部门所管资源的保护或重建,导致各部门根据本部门自己确定的恢复与重建标准进行财力、技术与人力的投入,完成各自的指标任务。另外,个别政府行政部门缺少大局观和整体观,只考虑本部门的指标任务,很少考虑流域的长远利益。例如,环境保护部门会为恢复流域水环境质量而煞费苦心,采取各种办法达到了单一的水质标准,但这种单一的水质标准是否符合流域生态系统的健康标准则不在环境保护部门的考虑之列。因此,部门利益的分割与流域生态系统的整体恢复和重建是冲突的,要实现流域生态系统的整体恢复,必须打破以往的部门各自为政模式,应由一个统一的流域管理部门进行整体规划和调控。

2013年11月9日,习近平总书记在《关于〈中共中央关于全面深化改革若干重大问题的决定〉的说明》中指出:用途管制和生态修复必须遵循自然规律,如果种树的只管种树、治水的只管治水、护田的单纯护田,很容易顾此失彼,最终造成生态的系统性破坏。由一个部门负责领土范围内所有国土空间用途管制职责,对山水林田湖进行统一保护、统一修复是十分必要的。②

---

① 赵绘宇.探研我国生态系统恢复制度与法律规制[J].山西财经大学学报,2007(S1):195-196.

② 习近平.关于《中共中央关于全面深化改革若干重大问题的决定》的说明[J].求是,2013(22):19-27.

流域生态系统恢复制度建构应当遵循习近平总书记的指示精神,遵循自然修复、统一修复的理念进行制度建构。

(1) 从全流域整体考虑进行流域生态系统的恢复。2018 年 4 月 26 日,习近平总书记在深入推动长江经济带发展座谈会上的讲话中指出,推动长江经济带发展,前提是坚持生态优先,把修复长江生态环境摆在压倒性位置,逐步解决长江生态环境透支问题。① 因此,流域生态系统恢复制度构建必须从全流域整体出发,进行综合考虑。无论是自主还是强制进行流域生态恢复与重建的活动,都必须在综合考虑全流域生态系统健康发展的前提下统一规划、统一安排。如果各区域各自为政、分头行动,不仅不能达到全流域生态系统恢复的目的,还很有可能阻碍全流域生态系统的正常恢复,甚至造成进一步的破坏。例如,前几年推行的小流域治理就是一个典型例子。小流域治理的主要做法是在行政区域内集中投入资金、劳力,加大对地下水源或地上水源的汲取或截流,兴修水利设施,改善农田和城市的用水环境,从而能快速取得小流域内的生态和经济效益。但实践证明,小流域治理的做法是不可持续的,它阻碍了整个流域生态系统的良性发展。其原因在于:流域生态系统的整体性,使其不可能因行政区域的分界而分割,靠增加一个小区域的耗水量而形成的生态环境状况改善,只会造成其下游或周边地区更加缺水,甚至造成其他地区地下水位严重下降和河道断流,造成"治理一小片,荒芜一大片"的严重生态退化现象。因此,长期以来,虽然形成一些典型,却不能形成治理规模,甚至治理进度跟不上破坏的速度。另外,流域经济发展不足与经济发展过度都可能导致流域生态环境和自然资源的退化。人类活动导致的生态系统受损,不仅有贫困与生态脆弱之间的恶性循环,还有经济高速增长所付出的生态代价。因此,流域生态系统的整体性要求流域生态系统的恢复应该是流域自然与社会经济生态系统的有机契合,在社会经济生态化发展的过程中进行流域自然生态系统的恢复和重建。

(2) 流域生态系统恢复是流域生态系统再发展的过程。流域生态系

---

① 习近平.在深入推动长江经济带发展座谈会上的讲话(2018 年 4 月 26 日)[J].求是,2019(17):4-14.

统作为一个不可分割的整体,对其进行恢复必须要考虑流域生态系统各要素整体的优化组合。具体来说,流域生态系统恢复的目标就是要实现既改善流域环境、扭转生态系统退化、提高生态系统整体功能,又能使流域生态与社会经济持续发展,同步解决流域生态环境恢复与社会经济发展之间存在的问题,从而建立一个具有优良的结构和功能且处于良性循环状态的高效和谐的生态系统。因此,流域生态系统的恢复必须置于流域整体生态系统的背景下,综合考虑其对流域生态系统造成的影响,以流域生态系统的整体恢复为目标进行恢复和重建。

(3) 流域生态系统恢复制度的构建也必须综合考虑全流域地理上的整体性特点,流域内各区域的生态恢复必须置于全流域统一规划和安排之下,不仅要结合全流域生态系统的结构和功能及流域内各区域的不同特点来规划安排流域生态系统恢复,也要防止地方政府部门为本地的局部利益和短期利益而损害全流域整体生态恢复的现象,尤其应监督流域内各地方的经济发展状况,使其经济发展与流域生态系统恢复的规划相协调。

第五节 流域生态阈值监管制度

流域生态阈值是流域生态系统健康运行的极限。从经济学理论上讲,流域生态系统是典型的公共物品,而市场机制的盲目和自利使其不能很好地解决由于个人利益与流域整体利益的对立所引起的对流域生态阈值的突破,政府生态环境监管制度被认为可以将环境外部成本内在化,从而维护流域生态阈值,保障流域生态系统的健康发展。流域生态政府监管制度主要有流域管理机制构建、许可证制度、流域生态阈值监测制度等。

一、流域管理机制构建

构建流域管理机制是政府实现流域生态保护"良治"的前提。目前,流域管理机构在国际上主要有以下三种模式:第一种是权威的集中管理模式。该模式的管理组织体制以水文分界线为基础,实行权力在流域管理局的高度集中管理模式。流域管理局是政府的一个机构,直接对中央政府负责,法律授予其高度的权威,能够统筹规划、开发和管理流域环境资源,对经济和社会的发展具有广泛的权力。第二种是流域协调委员会。该类组织是河流流经的地区政府和有关部门之间的协调组织,主要职能是根据协议对流域内各区域的水资源开发利用进行规划和协调。该类组织权力较为松散。第三种是流域综合机构。流域综合机构是目前世界上较为流行的一种管理模式,其职权既不像流域管理局那样广,也不像流域协调委员会那样单一,具有明确的水管理职责和控制水污染的职权。

目前,我国《水法》明确规定了流域管理机构的职能是在所管辖的范围内行使法律、法规规定的和国务院水行政主管部门授予的水资源管理和监督职责。显然,根据流域复合生态系统的特性,该职能定位不利于流域生态系统的整体保护。

(1) 流域的自然属性要求实施流域生态系统的整体管理。流域是一个集水区域,流域的概念不仅包括水,流域中的水体、地貌、土壤和植被等各因素都是一个紧密相关的整体;同时,流域不仅是一个完整、独立、自成系统的水文单元,也是人类经济、文化等一切活动的重要社会场所。流域在其边界范围内由于水的自然流动性形成了一个"自然—经济—社会"复合生态系统。

(2) 我国目前管理流域环境资源要素的政府部门很多,包括水利、生态环境、农业农村、自然资源、交通、城建等。这些政府部门有时只注重部门自身利益,导致各自为政,在流域管理中不可避免地会产生相互争权或相互推诿、各行其是的现象,不利于流域生态系统的整体保护。

(3) 现有流域管理机构权限过窄、权威不够。现有流域管理机构一般指各大流域水利委员会,其工作重点是水量分配、防汛抗旱、水土保持、水利工程等,而难以关注流域生态系统的保护。另外,现有流域管理机构属于水利部的派出机构,是具有行政职能的事业单位,这种地位也导致流域管理机构在管理上缺乏权威性。

基于流域在中国的战略性地位,为了切实维护流域整体生态系统,根据我国现有体制,遵循"统筹设计、分步推进"的可操作性原则,我国流域管理机制可从以下两方面构建。

（1）在流域层面上组建流域委员会。流域内各区域地方政府在一定意义上也具有"经济人"的属性，因此，一个独立、权威的流域管理机构是保障流域生态系统整体管理的必要条件。然而，地方政府有权提出自己的利益诉求，应建立一种有利于地方利益表达的机制。因此，保障流域生态系统的整体管理必须要尊重流域内各区域的地方利益，在流域管理机构与各区域政府间建立稳定规范的利益调节机制，以实现流域管理机构决策的民主化和科学化。鉴于此，在流域层面上，可以把现有各水利委员会改组为流域委员会，全面负责维护流域整体生态系统的健康运行。其工作重点应变单纯的水利开发管理为流域开发与保护并重管理，将流域资源和环境保护纳入流域生态系统管理的优先目标。为保障跨地区的流域整体生态系统健康运行，流域委员会可与流域内各地方政府部门和居民建立定期联席会商机制、跨区域环境污染事件防控协作机制，包括建立预防机制、共同行动机制、定期交流会商机制及信息共享和协作处置机制等。

（2）在国家层面上设立隶属国务院的流域协调委员会。要保障流域生态系统整体利益的实现，必须要设立权威有效的机构来监督管理流域生态系统整体管理状况。目前，长江流域和黄河流域已建立了国务院协调机制。为全面统一协调流域生态系统整体管理事宜，可在国务院下设流域协调委员会来统筹协调我国七大流域的整体发展。国务院流域协调委员会可模仿国家能源委员会的框架，由国务院总理任主任，分管流域工作的副总理任副主任，办公室设在水利部。流域协调委员会可由国务院分管领导、水利部、农业农村部、教育部、国家发展和改革委员会、财政部、自然资源部、生态环境部、交通运输部、住房与城乡建设部、中国人民银行、国资委、国家税务总局、市场监督管理总局等相关部委局的负责同志组成。七大流域委员会以及七大流域内省级地方政府的负责人参加隶属国务院的相关流域协调委员会。

二、流域许可证制度

流域生态安全是国家安全的重要组成部分，因此应对流域内的环境资源开发利用活动设立行政许可。许可证制度指企业在从事开发利用环境资源的活动之前,必须向有关管理机关提出申请,获得许可证后方可进行该活动的一整套管理措施。它是环境资源开发利用行政许可的法律化,是各国保护环境资源的通行做法,为矫正市场机制在调控环境资源开发利用过程中的失灵现象提供了重要解决途径。流域生态阈值管制中的许可证制度(以下简称流域许可证制度)是流域管理机构依照法律、法规,批准或同意单位和个人进行某项开发流域环境资源的行为或取得的资格的原则、条件、内容、程序、保障措施等法律规定的总和。

(一)流域许可证制度的内容

流域许可证制度是流域管理部门根据流域生态系统阈值,有针对性地严格控制各种影响流域生态系统的活动,贯彻实施流域生态系统管理的一项法律制度。被管理者向流域管理部门申请行政许可,是他们履行法定的行政义务和接受行政监督的一种重要方式,这有利于把影响流域生态系统的各种开发、利用、建设、生产、经营、治理活动纳入国家统一管理的法制轨道,有利于政府和公众监督其活动,从而保障流域生态系统的健康发展。

流域许可证制度的内容包括适用范围、许可条件、许可证的内容、许可证的管理程序、许可证的保障措施、管理机构、许可活动的监督检查、许可证交易等。流域许可证制度直接关系流域生态系统的健康和安全,所以,许可证的颁发应当由流域管理机构统一监督,对各区域流域生态系统影响不大的行为,可由各区域发放,但各区域所颁发的许可证数量必须向流域管理机关备案,由流域管理机关登记建档;大型项目、对流域生态系统有严重影响的行为或跨省项目的许可证颁发权由流域管理机构行使。

流域许可证是具有法律效力的文件,不是一般的证书,内容必须详尽,以利于流域管理通过许可证对流域内各开发利用主体进行监督检查。申请许可证,应根据规定提交完整的环境影响评价报告书或报告表,以及开发利用类型、排污时间、方式、生产工艺、规模等资料。许可证未经法定程序,不得擅自变更,对违反许可证的行为要追究行政甚至刑事责任。

(二)理顺行政许可的权力运行和监督机制

《行政许可法》对生态环境、自然资源开发利用许可作出了总括性的规定,其第二十六条明确规定:行政许可依法由地方人民政府两个以上部门分别实施的,本级人民政府可以确定一个部门受理行政许可申请并转告有关部门分别提出意见后统一办理,或者组织有关部门联合办理、集中办理。然而,鉴于流域生态系统的复杂性,有关流域环境资源开发利用的许可应该严格市场准入,以预防流域生态损害的发生。因为流域生态环境一旦被损害就很难恢复,而且事后治理的成本非常高。据经济学家测算,预防污染的费用与事后治理的费用比例高达1:20。也就是说,牢牢管控生态环境风险应该是流域生态系统管理中行政许可制度最主要、最基本的价值功能。①

与此同时,目前我国流域环境资源行政许可权的制度安排还存在权责不明、许可层级权限配置混乱等问题。这些问题的存在减损了行政许可的效率,也导致政府寻租现象的滋生。因此,流域环境资源行政许可制度首要的问题是厘清流域环境资源行政许可的价值定位,改善现行的许可权力架构,改变其设置混乱的状况,明确流域和区域许可权限,建立流域环境资源许可的双轨制和附条件的许可制度。同时还要根据流域生态功能区划类型对行政许可进行细致的分析和划分,而非不加区分一刀切地来对待。②

另外,应进一步加强对行政许可的监督。"长期以来,我国自然资源行政管理机关在行政许可之后,往往忽视对行政许可事项的监督管理,自然资源行政许可机关只许可、不监督或者重许可、轻监督的现象普遍存在。"③尤其对于流域环境资源许可等一些授益性行政行为,行政机关赋予被许可人合法权利后,被许可人有可能出于利己的动机,为追求自身利益而不顾公共利益。为此,流域管理机构在颁发许可证后应该进行后续监管,以进一步规范被许可人对流域环境资源的开发利用行为。

三、流域生态阈值监测制度

环境监测是指按照有关技术规范规定的程序和方法,运用物理、化

---

① 王祥仁.论环境行政许可的权力运行[J].经济研究导刊,2018(06):197-199.
② 阮李全,任杰.节约型社会视野下自然资源行政许可制度研究[J].资源科学,2008(04):499-507.
③ 王盛军.我国自然资源行政许可之缺陷及其原因分析——一种法经济学视角[J].贵州财经学院学报,2006(04):94-98.

学、生物等技术,监视、监测和分析环境污染因子及其可能对生态系统产生影响的环境变化,评价环境质量的科学活动。① 它以获取具有代表性、准确性、精密性、可比性和完整性的环境信息为直接目标。流域生态阈值监测主要是指流域管理机构对流域生态系统的健康状况进行检查、监督和巡视,以保障人类活动不突破流域生态阈值的极限。流域生态阈值监测是获取流域生态系统信息、了解流域生态系统变化、评价流域生态系统质量、掌握污染物排放情况、衡量人类对流域生态保护成果的基本途径;是执行有关法律、标准、计划,正确处理流域环境资源事故和纠纷,实施排污收费等监督管理工作的重要技术手段和依据。流域生态阈值监测的目的是获取具有代表性、准确性、可比性和完整性的监测数据,并用这些数据诊断流域生态系统,评价其质量状况,从而为进一步决策、执法、管理等服务提供依据。建立健全流域生态阈值监测制度,可以及时掌握流域生态系统的变化情况,从而能够有效预防流域生态系统的退化。

近年来,国家非常重视建设环境监测制度,相继制定和完善了环境监测制度。2015年,国务院印发《关于生态环境监测网络建设方案的通知》;2016年,中共中央办公厅、国务院办公厅印发《关于省以下环保机构监测监察执法垂直管理制度改革试点工作的指导意见》,以改变现行属地监测模式,从机制上与利益相关者分离;2016年,环境保护部发布了《生态环境大数据建设总体方案》,推动和加强了生态环境大数据建设和应用。总体来说,国家在加强环境监测数据的科学性、真实性方面已经形成一系列制度措施,我国环境监测制度体系已初步形成。

流域生态系统的复杂性、整体性等特性要求管理者必须对流域生态阈值监测进行规范化、系统化管理,具体如下:

(一)健全完善流域生态阈值监测制度体系

环境保护工作是一项多部门共同分管的复杂工作,各部门在自己的职权范围内进行环境管理,同时有权进行相应的环境监测。② 因此,流域生态阈值监测权力机构之间职权重叠交叉现象十分严重。例如,生态环

---

① 周卫.论我国环境监测制度的功能嬗变与立法完善[J].理论月刊,2010(09):110-113.
② 刘卫先.我国现行环境监测体制述评[J].中国环境监测,2009,25(03):5-10.

境部建立了省、市、县、乡四级环境监测网,而水利部、农业部也建立了环境监测系统,这种交叉管理的模式在实践中常常出现的问题是"大家都管"或"大家都不管",推诿扯皮现象时有发生。在我国环境监测管理工作不健全的环境中,我国不同部门进行环境监测所采用的标准并不相同,各个环境监测机构进行环境监测所需的监测布点、采样时间、采样方法等工作所使用的标准也不相同,这就造成了不同部门所获得的监测数据之间存在差异,没有可比性,甚至可能出现数据相互矛盾的现象,从而影响环境监测机构工作的正常进行。

因此,流域生态阈值监测制度体系应包括:①监测质量保证管理机制。监测质量是评价流域生态系统的重要标准。需要注意的是,监测质量应该从全流域生态系统进行综合、全面的评价,而不能从对某个或某些区域的监测中得出结论;要对全流域自然、社会、经济复合生态系统进行整体性的监测,而不单单是对流域某单一资源环境要素的监测。②监测报告管理机制。为了确保监测数据信息的高效传递,应及时提出各种监测报告,为流域管理提供有效、及时的服务。它包括监测简报、质量报告书、监测年鉴和数据资料管理制度等。质量报告书是流域生态系统监测的综合成果,是流域管理的重要依据,因此,必须要保证该报告书数据的真实性和权威性;此外,还要定期发布流域生态状况公报,这是保障公众知情权的一项重要措施。③监测对象管理机制。为了保证监测工作的顺利进行,必须对监测对象进行规范管理。排污单位应对污染物排放口、处理设施的污染排放定期检测,并纳入生产管理体系;应按规定整顿好排污口,使排污口符合规定的监测条件。流域资源开发利用行为也必须符合规定的标准,流域监测部门或经流域管理机构委托的监测人员依法有权对监测对象进行现场检查或监督性监测,被检查、监测单位必须密切配合,如实反映情况,提供必要的资料和监测工作条件。

(二)建立健全流域生态阈值监测机构

目前,我国从事流域生态阈值监测相关业务的机构主要有两大类:一类是与生态环境、水利等相关的承担相关环境管理职能的环境监测机构,系全民所有制事业单位;另一类是由社会投资、具备开展环境监测业务能力的社会机构,它们大多以综合性监测业务为主,兼营环境监测业务。各级监测站虽然是科学技术事业单位,具有独立的法人资格,但其在行政上隶属于政府主管部门,环境监测机构的这种行政附属性决定了其监测行为的行政化,"在实践中造成了被动监测,缺乏灵活主动性监测,致使监测数据不具有连续性,不足以反映环境质量变化的趋势。"①由于政府部门的监测机构缺乏工作的独立性和积极性,流域生态监测的数据指标的准确性也大打折扣。有的研究认为:在不改变机构性质的条件下,应使政府部门的监测机构承担具有一定行政管理角色的监测任务,引导社会检测机构接受委托,开展排污单位自行监测、一般环境监测等业务,并在突发环境事件等情况下成为政府部门监测机构的补充力量。② 因此,应当区别定义环境监测机构的性质和环境监测工作的性质、地位和作用,区分监督性监测和服务性监测。可以将流域生态阈值的监测定位为监督性监测,由流域管理机构的专业监测机构承担。同时,构建流域管理与协调的共享平台,统一对流域内相关环境资源的监测数据进行调配、管理和监督。③

第六节 流域生态系统管理的市场激励制度

流域生态保护市场激励制度是指在流域生态系统保护与管理过程中,充分利用征收费税、财政补贴、投资贷款优惠、政府采购等经济工具来调整或促进流域资源的有效利用与生态环境保护等一系列的制度安排。考虑到市场主体追求利益最大化的本性,运用利益刺激手段来调节市场主体的行为取向符合流域生态环境保护的价值取向。实践证明,这种制度在现实中可以充分调动市场主体参与环保活动的积极性。目前,世界各国的环境保护对策都比较重视这一激励机制。流域生态系统管理市场激励制度包括流域生态保护基金制度、流域环境资源产权制度、流域生态费税费制度等。

---

① 刘卫先.我国现行环境监测体制述评[J].中国环境监测,2009,25(03):5-10.
② 舒旻.环境监测制度构建的重点与难点[J].环境保护,2011(08):41-43.
③ 沈磊.关于我国环境监测制度问题与对策的思考[J].环境与可持续发展,2015,40(01):96-98.

一、流域生态保护基金制度

流域生态系统的维护、恢复和重建都需要大量的资金投入,流域生态环境问题在某种程度上与投入资金的严重不足有直接关系。2020年3月,中共中央办公厅、国务院办公厅印发的《关于构建现代环境治理体系的指导意见》指出,要加强绿色金融扶持,设立国家绿色发展基金;推动环境污染责任保险工作,在环境高风险领域研究建立环境污染强制责任保险制度;开展排污权交易,研究探索对排污权交易进行抵质押融资;鼓励发展重大环保装备融资租赁;统一国内绿色债券标准等。建立和健全流域生态系统保护基金制度对维护流域生态系统的健康发展具有重要作用,应明确规定由流域管理机构直接负责基金的筹集、使用、规划和监督工作,确保其有能力对流域生态系统实施统一整体管理。

(一) 流域生态保护基金的来源

流域生态保护基金主要有四大来源:一是中央财政的流域管理资金。中央财政可以从征收的流域资源和环境建设税或费(如排污费、取水费、城市维护费等)中按一定的比例每年划出一部分资金,专门用于流域生态系统的维护、恢复和重建。二是流域中下游地区的补偿资金。根据受益者补偿的原则,流域上游地区生态环境的保护与建设,一方面要支付一定的成本,另一方面会限制一些产业的发展,受益的中下游地区应当对源头地区利益损失进行补偿。流域管理机构可在给予中下游流域地区的补偿费中统一设立、提取保护建设费,纳入流域生态系统保护基金。三是社会捐助的资金。随着社会经济的发展,人们的环境保护意识在不断增强,参与的积极性也在不断提高。流域生态系统保护基金不仅要有政府的财政支持,还要广泛吸收社会组织和社会团体的募捐。四是生态保险基金。生态保险基金的作用在于强化生态保护系统所有参与者的生态安全责任意识。① 生态保险基金具有生态补偿和经济补偿的功能,有利于强化企业对环境风险的管理,是国际上行之有效的生态经济风险管理的经济保障

---

① 刘洪岩.俄罗斯现行生态政策问题研究[J].黑龙江省政法管理干部学院学报,2009(05):127-130.

和法律制度。凡是流域内从事生产经营活动有可能导致流域生态破坏、环境污染,或造成对第三者侵权损失的企事业单位,都有责任向保险公司投保生态保险。

(二)流域生态保护基金制度的构建

流域生态保护基金必须有完备的制度保障才能发挥其应有的作用。我国流域生态保护基金制度构建应从以下几个方面进行完善。一是建立健全流域生态保护基金组织机构。鉴于流域生态系统的整体性管理和保护,流域生态保护基金可由流域管理机构组织协调和管理使用;吸收环境保护技术专家、环境法律专家和机构专业管理人员加入流域生态保护基金的组织管理机构,在基金组织内建立各种流域生态污染防治技术咨询小组及流域生态修复咨询小组;加强基金管理机构的能力建设,包括人员能力建设、机构能力建设、政策能力建设等。① 二是健全流域生态保护基金监督审计制度。制定流域生态保护基金会专用的财务及审计规则,健全基金会账目、档案并对外公开,实现管理透明化。三是加强流域生态保护基金组织的监督管理。建立社会公众对环境保护基金组织的监督管理机制,或者建立公众意见反馈信息体系,让公众监督基金的使用,激发公众投身于流域生态保护事业的热情。四是鼓励私营组织参与流域生态保护基金建设。私营组织的资金流向对实现全球环境保护目标具有重要的现实意义。② 推动私营组织参与流域生态保护基金的各项活动,一方面可以获得广泛的社会参与和支持;另一方面能充分发挥基金的杠杆作用,吸引更多的资金投入基金建设中来,促进技术转让和市场开发。而且,流域基金组织能通过私营组织的活动来促进流域生态环境保护、流域产业的可持续发展,从而达到流域生态系统保护的目的。

二、流域环境资源产权制度

流域环境资源是流域内人们共同共有的财富,具有公共物品的性质;流域环境资源又是价值体,环境资源的效用性、稀缺性往往是其价值的自

---

① 朱光耀.全球环境基金与中国可持续发展[M].北京:中国财政经济出版社,2007:166-169.
② 朱光耀.全球环境基金与中国可持续发展[M].北京:中国财政经济出版社,2007:188.

然基础,而市场交易是其价值的社会基础。流域环境资源产权制度主要包括流域自然资源产权制度、流域环境容量产权制度和流域环境美化功能区产权制度。

(一) 流域自然资源产权制度

由于流域自然资源在社会经济发展、生态保护中的地位与作用不同,在产权制度上可以进行分类安排。例如,对流域生态系统有重大影响的天然资源,可以设置公共产权;其他有商业价值的资源(如水面、人工林等),可以确立私人产权。流域资源开发背后隐藏着深刻的经济规律,即流域资源的开发、利用、治理、保护都受到投入产出、成本效益关系的约束。一般而言,市场机制作用的发挥以有效率的产权为前提。有效率的产权应是完全明晰的、权利人专有的(排他的)、可转让的和可以实施的。由于自然资源的属性及产权的性能,有效率的开发利用自然资源只有在交易中进行,法律应该对流域自然资源的产权交易制度做出明确的规定,从而减少交易成本,促进资源利用效率的提高。

目前,我国在自然资源立法中基本确立了自然资源的有偿使用制度,如《土地管理法》第二条规定,国家依法实行国有土地有偿使用制度;《水法》第四十八条规定,直接从江河、湖泊或者地下取用水资源的单位和个人,应当按照国家取水许可制度和水资源有偿使用制度的规定,向水行政主管部门或者流域管理机构申请领取取水许可证,并缴纳水资源费,取得取水权;《矿产资源法》第五条规定,开采矿产资源,必须按照国家有关规定缴纳资源税和资源补偿费。自然资源有偿使用制度的建立有利于促进自然资源的合理开发利用,并可以为新的资源开发与生态环境的保护筹集有效资金,实现资源与环境的可持续利用。从理论上看,合理的价格机制是市场机制的重要构成部分,它通过市场价格信息来反映供求关系,并通过这种市场价格信息来调节生产和流通,从而优化资源配置。因此,合理的自然资源价格机制是流域自然资源产权交易的前提。另外,价格机制还可以促进竞争和激励,决定和调节收入分配等。长期以来,我国自然资源的出让价格严重偏离资源本身的真实价值,不能反映相关自然资源的稀缺程度,也没能反映资源开发活动导致的其他环境成本,使得自然资源开发活动中的相关主体特别是能源企业漠视能源资源的稀缺性和能源活动中产生大量的负外部性行为,这是我国流域资源遭到严重浪费以及流域生态环境遭到严重破坏的主要原因之一。因此,完善我国目前的流域自然资源价格形成机制,是有效利用市场调节机制来保护和改善我国流域生态环境的重要推动力。为了使自然资源真正实现物尽其用,实现自然资源的开发与环境保护协调发展,首先,应该加快完善流域资源的有偿价格取得制度,使自然资源出让价格真正体现市场需求,反映自然资源的价值,最终调动相关企业参与自然资源节约与生态环境保护的积极性;其次,应积极探索流域自然资源有偿出让的形式,如在矿产资源开发活动中对于资源储量较大的矿山,政府可以考虑更高层次的生态环境保护的要求,加强对流域自然资源有偿出让的环境监管;最后,还需要完善自然资源产品的市场价格形成机制。目前,我国很多自然资源产品的价格,特别是能源产品(如电力产品)的价格仍然表现为管制价格,其价格缺乏弹性,脱离了市场供求关系。因此,流域自然资源产权制度要综合考虑自然资源的生态价值和经济价值,除了出于社会公共利益的考虑对具有自然垄断特性的自然资源开发环节实行价格监管,对能够形成有效竞争的自然产品则应该实行市场定价。

此外,我国流域资源开发权转让制度受约束太多,不能够实现有效流转。虽然我国在自然资源领域建立了有偿出让制度,但是对于受让之后的开发权规定了诸多的流转限制。市场是商品交换关系的总和,商品供求的后面是经济关系。微观主体的市场行为之所以在价格、供求、竞争的制约下变化,根源来自这种机制组合的原动力——市场经济人的利益。市场机制根本上是由社会关系决定的,参与市场经济活动的生产者、经营者、消费者正是在商品经济的一系列客观规律作用所体现的原则或功能的制约和牵动下,通过供求、价格、竞争的变化,在经济利益的诱导下而采取不同的市场经济行为,或者进行自我扩张,增大生产或经营规模,或者进行自我收缩,减少生产或经营规模。总之,在经济利益推动和诱导下,市场机制强制性制约着市场活动的参与者及时调整自己的经济行为,自动实现微观活动的自我平衡,在流域自然资源开发领域也是如此。我国的自然资源开发权出让给市场主体之后,就应该让其权益依据市场情况自由支配、流转,而不应该再附加人为限制。如果政府采用直接控制手段把企业变成行政机关的附属物,其结果就是割断了企业与市场的联系,影响了市场机制调节作用的发挥。

由此可见,我国目前的流域自然资源制度并不能完全体现市场机制下自然资源的真正价值,不能真正实现自然资源利用效率的提高。为此,我国流域自然资源产权制度在完善产权结构的同时,更要强调充分发挥市场机制在流域自然资源优化配置中的调节作用,建立以流域资源产权市场为依托、以合理的自然资源价格为信号、以自然资源供需均衡为目标的流域自然资源产权出让与流转制度,实现自然资源产权交易的市场化,这既是维护和保障所有人与使用人利益的根本途径,也是自然资源发挥最佳效能的关键。① 然而,流域自然资源作为一个环境结构和要素,其对流域生态系统的稳定具有重要的意义。由各流域自然资源构成的流域生态体系是一个生态链,这个生态链上的任何一个环节出现问题,都可能危及整个流域生态链的存在。试图单独改变这个体系中的任何部分都会引起该体系中其他部分的改变,而人类很难预料这种改变会引起哪些后果。因此,流域资源产权制度的目标应是厂商私人利益与流域整体利益相趋同或相一致,产权制度必须在保障流域生态系统健康发展的前提下合理安排。

(二)流域环境容量产权制度

流域环境容量产权是典型的政府排污许可证拟制的产权,无论是支配环境容量额度,还是减排剩余量的确定与交易,政府都将进行全程的参与和管制,因而此项产权比流域自然资源产权有更多的行政管束。

流域环境容量产权制度包含两个层面:一是流域整体环境容量所有权属于国家,由流域管理机构控制流域环境容量所有权,在保障流域环境容量总体控制的基础上分配其他流域环境产权。二是流域环境使用权交易制度。为了刺激市场主体保护流域生态环境,协调流域经济发展与环境保护的关系,流域管理机构在确保流域总体环境容量可控的基础上,安排流域环境使用权交易来促进流域生态环境的保护。流域环境使用权交易目前主要体现为流域内的排污权交易。流域内的排污权交易是在综合

---

① 孟庆瑜,刘武朝.自然资源法基本问题研究[M].北京:中国法制出版社,2006:256.

考虑流域社会经济发展及环境保护需要的前提下,首先确定流域生态系统健康发展所需的环境质量目标,其次参照现实中技术可行与经济合理原则来确定流域内污染物的最大允许排放量,把流域内环境可承受的最大污染程度和速度按照总体规划细分为若干部分,采用符合市场机制要求的形式出让给需要排污的流域内市场主体。取得排污权利的主体可以采取措施以减少污染物的排放,剩余的排污权可以在市场上交易流转,从而获得有利于流域生态环境保护行为的经济性补偿。因此,流域排污权交易制度实质上是以流域生态阈值总量控制为基础,充分运用市场机制的调节作用和政府的干预作用,灵活地治理流域生态环境的一种管理手段。排污权交易计划可以给企业提供灵活性,使它们能够以最优成本效益来适应环境约束,这就意味着在源头上消减排污量而不是确定个体许可证的目标量,[①]这有利于流域生态系统整体和长远的稳健发展。

目前,我国的流域排污权交易制度需要进一步建立和完善。首先,应该在立法中对排污权交易作出明确规定,为排污权交易在各流域的实施提供法律依据。受我国市场机制的建设与实施条件等客观因素的约束,我国目前的立法中还没有专门规定排污权交易制度,尽管我国已有某些地区对排污权进行试点,但各地区的实践还缺乏基本的法律依据,不能在国家层面形成有效应对整体生态环境保护的合力。在现实中,我国应考虑在流域立法中明确流域排污权交易制度,并协调《水法》《水污染防治法》等法律法规,在完善总量控制制度和排污许可证制度的基础上,专门就排污权交易制度中所涉及的排污权分配机制、市场规则等,与现有法规的协调等做出明确的规定,从而充分运用排污权制度所产生的激励作用来引导市场主体积极从事循环经济与清洁生产实践,推进我国流域生态环境保护状况的根本改善。其次,应完善我国流域排污权交易制度,加强政府在社会层面的引导责任。例如,保证排污权分配程序的公正性与分配方式的合理性;加大财政投入,激励相关环境科研机构开展科学研究,为环境的实际容量及其价值确定提供技术支持;保证为排污权交易市场

---

① 托马斯·思德纳.环境与自然资源管理的政策工具[M].张蔚文,黄祖辉,译.上海:上海人民出版社,2005:130.

主体提供及时准确的信息,并利用各种手段保证各企业有序、合理地进行生产、排污及排污权交易。

(三)流域环境美化功能区产权制度

在流域资源产权和环境容量产权之外,流域环境资源产权制度还包括流域环境美化功能区产权制度。流域环境美化功能区的范围包括流域内林区、风景名胜区、自然保护区、疗养区和人文遗迹等具有特殊美感和舒适性的环境区域。流域环境美化功能区产权制度涉及的范围包括但不限于该功能区的所有权、使用权和经营权等。随着人们生活水平的提高,去流域环境美化功能区的游客逐年增多,对该区的流域生态环境造成不小的压力。流域环境美化功能区的产权制度亟待规范;鉴于流域环境美化功能区诱人的经济利益驱使功能区产权人大肆修建扩建环境美化功能区,加剧了对流域生态环境系统的影响和破坏。因此,有必要对流域环境美化功能区产权进行约束和限制,以保障流域生态安全。

三、流域生态税费制度

经济学理论认为,破解环境问题外部性的最好方式是将环境社会成本内部化,建立环境保护纳入税收制度,利用税收杠杆保护环境。针对环境的破坏征收环境保护税,已经成为许多国家税制改革的发展趋势。环境保护税收调节手段的优势在于:一是可以为排污者提供更大的灵活性和更多的选择性。环境保护税确定后,污染者可以选择最符合成本效益的方式对市场信息做出反应,在交税和消减污染物之间进行选择,如降低产量、安装污染治理设备、提高生产效率和改变生产工艺等方式以降低交税成本。二是由于污染者必须对排污支付税款,生态税可以对减少污染产生不断的引导作用,从而鼓励人们持续革新技术,采用更有效的方法来降低污染成本。三是生态税通过市场力量自我规范从而达到污染控制目标,其不需要通过行政方法给每一个污染者定排放限额,由此降低了政府管理、监督和强制执行成本;同时,生态税还筹集到了生态环境保护的收入。流域生态系统管理本身要求多样化的规制手段,生态税的制度优势使其成为流域生态系统管理中的重要手段之一。

2018年1月1日,《环境保护税法》正式实施。该法是我国第一部利用"绿色税制"推进生态文明建设的单行税法,是生态税制发展的一个重要里程碑。环境保护税的开征,改变了以往排污费标准不统一以及制度权威性不足等问题,对促进生态环境保护具有重要意义。但是,相对于流域生态系统管理的需求,目前的环境保护税范围较窄,不仅难以弥补政府在生态环境保护方面的相关支出,也不利于流域生态系统治理目标的实现。因此,构建以环境保护税为基础、多税种相协调的流域生态税费体系,对于发挥环境保护税的绿色效应和经济效应具有重要的作用,也是我国流域生态税费体系进一步改革的方向。

1. 明确流域生态税费的制度目标

流域生态税费的设置目的不应是增加中央和地方财政收入的手段,而是流域生态环境保护激励机制的一种形式。因此要坚持税收中性原则。一方面保持总体税负不发生大的波动,从而实现流域生态税收入和支出的逐年平衡;另一方面对于筹集的流域生态税收入,要坚持专款专用原则,一般专用于流域生态环境治理项目。同时全面推进流域水资源税改革,鼓励节水,将水资源税收优惠范围覆盖到绿色环保企业;对从事水电经营的企业以及高耗水、高耗电的企业,应研究征收生态保护税,多渠道筹集水环境保护与治理资金。

2. 根据流域生态功能区特点实行差别化课税

流域生态税的税率安排既要考虑流域环境保护效果,也要兼顾纳税者的税赋负担,实现经济效益和环保效益的平衡;从流域整体利益维护出发,体现地域差异化、税基差异化的征管政策,根据不同区域生态功能特点实行不同的税率,力求把生态税对经济的负面影响降到最低限度;优先考虑流域生态环境的保护,对于严重污染和破坏流域自然资源的行为,必须坚持重税原则。

3. 建立多税种相协调的流域生态税费体系

目前的流域绿色税费税种比较多,覆盖比较广,如环境保护税、资源税、车船税、车辆购置税和消费税等,但相关税种呈现相互独立的状态,并未形成系统的生态环境保护税收组合。例如,资源税和环境保护税都是国家运用经济手段促进环境保护、节约资源、节能减排的综合方案,但是由于自然资源是环境的重要组成部分,具有经济和生态双重价值,资源税和环境保护税的对象都是整体资源环境,其最终目的都是为优化资源配置,保护生态环境,提升资源利用效率。因此,只有对两税进行有效整合和协同,才能使生态税体系结构整体优化,形成流域生态系统健康发展的综合驱动力。①

另外,现行环境保护税的征收范围被限定在直接向环境排放应税污染物的行为。② 流域生态税费体系的构架不应只包括目前的污染类环境保护税,而应在目前环境保护税的基础上逐步丰富相关税种。比如对生态环境影响较大的农药、化肥、塑料包装物等不仅应纳入消费税的征收范围,也应当根据对生态环境的影响程度,纳入环境保护税的征税范围。③

第七节　流域生态系统管理的多中心治理机制

市场失灵需要政府管制,政府失灵需要社会"救赎"和公民参与,而社会失灵则又需要政府监管。流域生态系统管理的制度安排需要发挥各市场主体的独特优势,明确界定各自的边界,进行资源优势互补,形成多中心治理格局,以有效保障流域生态系统的健康发展。本节重点讨论流域生态系统管理的多中心治理机制的四种主体关系:一是流域管理与区域管理契合机制;二是区域政府间协商合作机制;三是流域社会协调管理机制;四是流域生态系统管理的司法保障机制。

一、流域管理与区域管理契合机制

从理论上讲,环境作为公共物品由市场进行配置会发生失灵,而政府作为人民授权行使管理权的行政机构,负有为人民提供符合环境质量标准的环境公共品的责任。从环境管理的客观方面看,环境要素具有区域的不均衡性,负责该地区社会经济生活的地方政府应对本地区的环境质

---

① 刘明慧,赵敏婕.资源税改革应厘清三个问题[J].税务研究,2015(05):32-38.
② 李英伟.新时代我国生态税费体系的协同性设计[J].吉林师范大学学报(人文社会科学版),2021,49(03):77-83.
③ 鄢斌.社会变迁中的环境法[M].武汉:华中科技大学出版社,2008:250.

量全面负责,任何一个部门或政府之外的机构都无法独立承担这一责任。我国现行《环境保护法》第六条规定,地方各级人民政府应当对本行政区域的环境质量负责。其第二十八条规定,地方各级人民政府应当根据环境保护目标和治理任务,采取有效措施,改善环境质量。

回顾我国改革开放40多年来的发展历程,有些地方政府为了追求较高的经济增长速度,消耗了大量资源和能源,甚至以牺牲环境和公众安全为代价,造成了巨大的环境损害。习近平总书记指出:一些重大生态环境事件背后,都有领导干部不负责任、不作为的问题,都有一些地方环保意识不强、履职不到位、执行不严格的问题,都有环保有关部门执法监督作用发挥不到位、强制力不够的问题。① 因此,地方治理在流域生态系统管理中发挥着重要作用,如何保障地方治理的效果?如何达到流域管理与地方治理的契合?这些问题需要我们进一步深入探讨。

(一) 保障流域生态阈值内的地方治理

在强调流域生态系统整体管理的同时,国家应注意发挥流域内的地方自主权,加强地方治理,使其自主管理该区域内的环境资源事务,使地方自主权的行使与全流域生态系统健康发展的目标相一致。下面我们对地方治理的价值和条件进行阐述。

1. 地方治理的价值

首先,地方治理能够满足该地方的特殊需要和偏好。每个地方都有不同的自然地理特征和社会经济发展形态,地方群众和政府更清楚当地的发展需求,因而在地方自主治理过程中制定的政策必然更符合地方需要。其次,地方治理更有利于实现民主治理。人的利益诉求是不同的,但每个地方都有自身的历史文化特征。对于流域管理而言,由于流域面积广阔,一条河流流经不同行政区域,跨越不同的自然地理和历史文化区域,在这种背景下,尊重流经地的自然地理和历史文化特征,重视流域内地方治理,有利于发挥各区域积极性,共同促进流域整体生态系统的维护。

---

① 中共中央宣传部.习近平新时代中国特色社会主义思想三十讲[M].北京:学习出版社,2018:242-251.

2. 地方治理的条件

流域生态系统的良性运行是以流域生态系统的整体管理为前提的。因此,地方治理的基本前提是必须保障流域整体生态系统的良性发展。在保障流域生态系统良性发展的基础上我们应重视发挥地方治理的作用,要尊重流域生态阈值。流域生态阈值是指当生态系统退化到某个水平以下时,某些主要的性质或功能就必然会丧失。流域生态阈值可以理解成某种极限,超越此限,则正常功能的发挥得不到保障。也就是说,流域生态阈值是流域生态系统保持良性运行的极限,如果流域生态系统状况超过这个流域生态阈值,流域生态系统就会遭到破坏,流域的可持续发展就不可能实现。流域生态阈值必须得到确认并赋予其一定的法律强制力才能被很好地遵守执行。

流域内环境资源作为流域内人们生存的绝对不可缺少的支撑条件,其承受人类活动影响的能力是有限的,存在着流域环境容量的极限、流域资源供给能力的极限、流域生物生活或生长条件的极限等。这些极限在某种意义上就是流域的生态阈值,如果人类给予它的影响超出了这些极限,就会给流域内人们的生存条件带来巨大的甚至无可挽回的损害。① 例如,流域内的水土资源衰竭问题、水环境污染问题、生物多样性减少问题等,都是由于人类活动超出了流域生态阈值而导致的严重问题。因此,流域生态阈值为人类行为活动划定了边界,它要求人们必须对自己的行为活动进行限制,使之不能超出流域生态环境承载力的极限。

流域生态阈值为地方治理提供了一个底线,即地方治理必须在维护整体流域生态系统的最低保障阈值内进行,这是对流域生态系统管理中地方治理的基本要求,也是对维护流域整体生态系统良性运行的基本要求。

(二) 流域管理与地方治理契合的保障机制

纵观许多国家的发展历史,中央与地方政府的权限划分基本上呈现出"分散—高度集中—合理分权"的轨迹。

---

① 徐祥民. 极限与分配——再论环境法的本位[J]. 中国人口·资源与环境,2003(04):26-29.

强调地方治理可能会出现地方保护，目前我国流域管理中地方保护的现象时有发生。国家法治不统一、法治缺漏是地方保护主义产生的主要原因。在法治国家，只要中央和地方法律关系明确，职责范围界定清晰，就可以防止地方保护主义的产生。因此，流域管理与地方区域管理的契合应首先实现流域管理与区域管理的法治化。

1. 流域管理与区域管理法治化

我国现行《水法》已经明确规定，流域管理与区域管理要相结合。该规定充分体现了水资源的自然特性，也与我国行政管理体制相一致。水的流动性和循环性决定了水资源具有流域性，即以流域为单元表现出自身的特点，使上中下游、左右岸、干支流、水质与水量、地表水与地下水等形成相关联的有机整体。水的多功能性又使水资源的开发利用必须以流域为单元整体规划、统筹考虑。因此，按流域统一管理是遵循人类自然规律、尊重科学、实现人水和谐的必然要求。

行政区域是国家为了进行分级管理而实行的区域划分。行政区域的划分有其历史渊源，与人们的经济、社会活动相关。因此，行政区域的划分与流域界限不可能一致。较小的流域可能在一个行政区内，较大的流域则是跨行政区域甚至跨国界的。行政区域是国家政治、经济、社会生活的基本单元，地方人民政府要对本行政区域的经济社会发展负责，必然要管理本行政区域的自然资源，包括统一管理本行政区域的水资源。一方面，国家要对跨行政区域的水资源实行流域统一管理；另一方面，行政区域又要统一管理本行政区域的水资源。如何处理好中央与地方的关系？我国《宪法》第 3 条规定：中央和地方的国家机构职权的划分，遵循在中央统一领导下，充分发挥地方的主动性、积极性的原则。这是处理好流域管理与区域管理的基本原则。因此，流域管理与行政区域管理相结合的管理体制，符合上述基本原则，既遵循了水的流域性，又与行政管理体制相一致。

然而，当前我国流域管理与区域管理并没有很好地结合在一起，主要表现在以下几个方面：一是片面追求本部门、本地区的利益。由于流域管理机构与区域政府在法律上责权利不明确，管理范围相互交叉，容易从本部门、本地区的利益出发，造成有利争抢、无利推诿的后果。二是两者之间没有建立起协商、协调机制,各自为政,管理脱节。三是在水资源的开发利用、优化配置、水害防治等问题上分别考虑各自利益。尽管目前法律已经明确了流域规划的主导地位,但现实中缺乏可操作性,而区域规划总是充分考虑满足本区域内经济社会发展的需求。

鉴于此,我国必须明晰规范流域管理与区域治理的关系,具体来说,可从以下几个方面进行。

(1) 流域规划方面。我国《水法》规定：开发、利用、节约、保护水资源和防治水害,应当按照流域、区域统一制定规划。规划分为流域规划和区域规划。流域规划包括流域综合规划和流域专业规划;区域规划包括区域综合规划和区域专业规划。流域范围内的区域规划应当服从流域规划,专业规划应当服从综合规划。显而易见,在对水资源及防治水害的规划方面,流域规划占主导地位。但流域规划和区域规划都必须与国民经济和社会发展规划、土地利用总体规划、城市总体规划和环境保护规划等规划相协调。规划权作为流域管理机构影响全局性的事权,体现在制定或参与制定流域规划、水资源配置制度等方面,是流域管理机构重要的行政管理职责。尽管我国《水法》已经明确规定,区域规划应该服从流域规划,不能与流域规划相违背。然而,在规划管理实践中,流域规划和区域规划的监督实施却难以全部落实。这是因为流域和区域规划方案的实施主要由地方政府及其水行政主管部门负责,而现行《水法》对流域规划和区域规划实施的监督还没有具体规定,造成规划管理上的脱节。因此,法律对流域规划的规定不仅要强调流域规划的优先地位,还应注重流域规划从制定到协调的程序规范。

(2) 流域开发利用和保护方面。我国《水法》规定,目前流域水资源开发利用的顺序为：首先解决生活用水,其次是生产用水,最后为生态环境用水。然而,从流域生态系统健康运行的角度看,保护生态环境、兴利除害是最大的需要。流域作为水的汇集区域,其自身也需要基本的水量来维持和保护。因此,流域水资源的开发利用必须服从流域生态系统健康发展的基本需求和防洪的总体安排。在水资源开发利用方面,流域管理为了维持流域自身的需要,强调流域生态系统的保护,而区域管理则体现了水资源使用的利益最大化。流域管理与区域管理相结合,就是在高效、合理利用水资源的同时,流域生态环境能够得到有效的保护,实现人和自然的和谐相处。① 在水资源配置方面,流域管理职能的发挥,必须依据经过水行政主管部门批准的规划,以流域为单元制订水量分配方案,调蓄径流。一般区域的用水则尽量在区域所处的流域内解决。当流域内的水资源无法满足区域发展的需求时,国家实施跨流域调水。跨流域调水是利用多流域的水资源来满足多区域的发展需求。因此,合理的水资源配置,实质上是区域管理和流域管理高度结合的产物。

(3) 具体制度设计方面。流域管理的重点集中于流域生态系统的维护和管理,即以流域为单元确定流域的生态需水量及流域的纳污能力,防止因对流域环境资源的不当开发利用而导致的对流域生态系统的损害。区域管理的重点集中于生活用水和生产用水方面的管理,管理目标是在优先满足生活用水的前提下高效配置水资源。流域的水资源管理职责重点是防止水污染和改善生态环境。区域的水资源管理职责重点是促进各产业间充分利用水资源,为社会创造更大的效益。因此,必须建立流域管理与区域管理相协调的制度,共同维护流域生态系统安全。例如,在取水许可审批方面,应明确划分流域与地方的取用水审批职权,建立对各行政区域的取水总量控制制度;在防洪方面,应划清流域调度与地方调度的职权,理清水库调度中的行业关系,明确流域指挥调度与行政区域职权范围内指挥调度的各自责任。同时,根据《立法法》的规定,下位法应服从上位法。在上位法对有关事项已经作出明确规定的时候,下位法则不可突破相关规定,而只能对其进行细化,即在有关法律、行政法规对流域管理机构行使管理权限的范围、管理事项作出明确规定后,地方性法规、规章应当遵从其规定。流域管理机构也应当遵从这一原则。在制定相应的规定、办法时,地方水行政主管部门和流域管理机构应当依照《立法法》的规定,向对方征求意见。这一程序对于避免执行中可能出现的意见和分歧有很大的帮助。对于需要共同遵守执行的有关事项,流域管理机构可联

---

① 左其亭,胡德胜,窦明,等.基于人水和谐理念的最严格水资源管理制度研究框架及核心体系[J].资源科学,2014,36(05):906-912.

合相关省级水行政主管部门发布规定,相互配合,协作完成。另外,法律应明确规定流域管理机构为实施法定流域性规划监督管理的主体地位,赋予其执法权力,规定相应的执法程序;流域管理机构对全流域行使监督管理职责时,地方政府部门有支持、配合的义务。

2. 加强对地方治理的监督

对地方治理的监督体现在以下三个方面:一是法律上的监督。根据《宪法》和《立法法》的有关规定,国务院制定的行政法规,其法律效力高于地方性法规、规章,后者在制定后要报国务院备案,且不能违背国务院制定的行政法规的原则,否则国务院有权变更或撤销地方各级行政机关不适当的规定。二是从行政约束角度实施监督。该监督体现在中央对地方的人事控制权上。中央流域管理机构应该将地方政府的流域治理责任纳入官员责任考核体系中。三是从经济约束角度实施监督。该监督是通过财政转移支付及补助制度、财政监督制度等一系列经济手段,形成中央对地方的硬性制约和推动机制,达到调控地方治理目标的目的。流域对地方政府的监督还体现在国家有关职能机构对地方政府及其环保职能机构履行环保职责的监督,如可以通过"流域限批"等行政手段强制地方政府与流域生态管理目标保持一致。

3. 流域财政转移支付——中央通过财政资助地方治理

流域管理机构可通过财政转移支付资助地方治理流域生态环境。中央转移支付方式一般有专项基金、总项基金和一般税收分享三种。不同形式的转移支付主要关系到地方使用转移支付的自由裁量程度,其中专项基金的条件最严格,一般税收分享的条件最宽松。

究竟什么类型的转移支付安排有助于促进公共开支行为更合理、高效?什么样的法律权利和义务体系更有助于实现流域或地方所设定的目标?专项基金的优点是中央规定的条件非常具体、明确,便于保证地方实现中央设定的目的,缺点是不够灵活、不利于地方因地制宜,而且监督成本较高。相比之下,总项基金有助于地方根据当地特点灵活安排转移支付,因而有助于基金使用的理性化,但是理性化的前提是地方具备适当的决策能力,否则放权可能导致更大的资源浪费。我国应根据流域内各地区的实际情况,可分别使用总项基金、专项基金和税收分享三种形式。

二、区域政府间协商合作机制

区域政府或多或少有地方保护主义的偏好,但从长远利益出发,区域政府也会主动谋求与流域内其他区域政府合作。一方面希望以此减少邻域水资源使用的外部性对自身的影响;另一方面作为交换条件,自身也要想方设法控制辖区内负外部性的发生。① 因为流域内各区域都具有平等的主体地位,它们之间的协商合作机制必须是具有民主基础的协商机制,这是流域内各区域合作成功的基础。

(一) 区域政府间协商合作的要素

区域政府间协商合作的成功有赖于以下几个要素:一是规则。协商规则是将协商事项形成一种制度。在协商过程中,参与人地位平等,每个人都有机会提出讨论话题,并对有关问题发表意见。协商的结果以规则的形式固定下来并成为进一步协商的前提。二是参与。公民广泛和有效的参与可以收集不同意见,提高协商质量。三是信息。在协商过程中,公众参与度的扩大改变了信息不对称的局面,促进了信息分布的均衡;同时,信息的交流也会使参与者有理有据地提出具体的主张,避免纯粹自利导向的博弈和讨价还价。信息公开与交流可以改变协商民主参与主体之间的关系和地位,防止社会影响力较弱的参与方在协商关系中处于不利地位。四是沟通。协商有利于促进多种观点之间的沟通。协商的本质要求人们应该接受不同于自己的观点。不同观点的交换使得人们以不同的方式思考问题,帮助社会成员考虑替代方案、做出更好的判断,也为政府人员提供新的视角。②

(二) 软法在区域合作协商中的应用

软法是第二次世界大战后出现的一种过渡性国际法律规范,一般是指国际组织包括联合国通过的决议、宣言、纲领等。软法规则可以通过各国的实践和签订国际条约变为国际习惯法和条约法,即上升为硬法。软

---

① 王勇.政府间横向协调机制研究——跨省流域治理的公共管理视界[M].北京:中国社会科学出版社,2010:40.
② 魏武.寻求不一致的一致——试论软法与协商民主机制的结构性耦合[J].法制与社会发展,2007(04):66-77.

法同时也是社会自治、公民自治的产物和结果,有利于促进社会自治和公民自治,促进公民社会建设。软法的规制对象有较高的公众参与度。这是软法与硬法相比最大的优势,是现代协商民主理念的最好体现。软法的实施与硬法相比有更公开、更透明的机制。软法的灵活性有利于法的调整和与时俱进。软法的社区、基层公众参与性能够促进公众的和谐友好相处和成员之间的互信。

基于流域上下游、左右岸之间对流域生态系统维护的共同责任,流域内区域间的协调合作是必要而经济的,而软法则是促进流域内区域协调合作的重要路径。具体来说,软法在流域生态系统管理中可以根据我国国情,以协议、建议、规划、标准等形式开展以下活动。

1. 建立流域联席会议制度

流域联席会议制度可以分为三级:一是由流域内各省区市行政负责人参加的联席会议;二是由流域内各省区市级政府的职能部门参加的联席会议;三是由流域内各地方政府领导参加的联席会议。其内容是对流域生态系统管理中的重大问题进行沟通磋商、广泛讨论或专题研究,经协商一致,联席会议可就有关事项达成协议,以明确各自的职责权限,做到相互配合,形成省与省之间的协作机制,从而实现流域生态系统健康发展的目标。

2. 建立行政契约制度

行政契约又称行政法上的契约,是指两个及以上当事人,就公法上权利义务设定、变更或废止所订立的契约。在美国,地方政府合作最常用的方式就是签订合同供给某种服务,以满足双方当事人的利益。这种行政契约并不具备司法上的强制执行力,也就是说对它的遵守更多依靠成员间及对共同体的责任和自我约束力。流域上下游地方政府之间也可以签订行政契约,约定双方对流域生态系统维护的共同责任。

(三)建立流域生态保护信息沟通平台

流域内区域政府间的相互信任是增进区际协调合作的基础,而信任必须基于信息的充分交流与共享。有的学者提出以"流域公共能量场"的形式来表达各种灵活的、民主的、话语性的社会形态。该学者认为,设计一种以流域水资源保护和加强跨界合作为中心的流域公共能量场,能够使流域内各参与者充分平等地表达各自观点。这种流域公共能量场能使各流域区域政府了解对方的真实信息和意愿,或者通过争辩及时发现和修正自己的错误观点,如此达到相互间合作和妥协。① 流域公共能量场的制度安排展现了一种利益相关者共同对话以促进沟通进而达成流域政府间集体理性行动的乐观愿望。然而,这一愿景的实现在很大程度上仍有赖于信息沟通平台的建立。长期以来,我国流域内不同区域获取流域环境资源信息的手段、目的、方法、重点各不相同,由于其所获信息的利用不够,各区域政府间对水资源信息的共享性较差,并且各自基于地区利益的考量实际上也很难形成信息共享的合作意识。因此,建立流域生态保护信息沟通平台非常重要。这个信息沟通平台主要发挥以下两方面作用:首先,建立流域内各行政区域内的生态信息交流机制,相互沟通各自环境状况,发现问题及时进行信息交流与反馈。例如,可以将流域各区域政府辖区水质、水文状况、污染源气象、生态历时变化,水环境自动监测监控的数据与分析结果,产业发展和结构调整情况及其与生态环境的联系,流域管理的具体措施及存在问题,流域水污染突发事件的责任主体、责任追究等信息,通过互联网平台予以公布,既可以消除流域各区域政府间信息不对称,增进相互间信任与协商合作,亦可以将区域政府流域生态保护状况公布于公众,有利于公众对区域政府流域生态保护状况进行监督。其次,实行信息公开,及时将有关流域生态信息和流域管理措施向全部利益主体公开,通过听证会、论证会、座谈会或者新闻媒体等,广泛征求公众意见,鼓励流域内公众参与评价,吸收各方面的合理意见,完善相关法规、规章。

三、流域社会协调管理机制

流域的公共物品属性及外部性特征要求政府应该保障流域生态系统的良性运行。然而,政府保障并不是政府包揽所有流域生态系统管理事务。政府在流域管理中的作用也是有限的。

---

① 王勇.政府间横向协调机制研究——跨省流域治理的公共管理视界[M].北京:中国社会科学出版社,2010:154.

（一）政府在流域生态系统管理中的局限性

一方面，政府的角色应当是宏观管理者和决策者，政府若承担太多的具体事务，必然使其效率低下，难以兼顾；另一方面，政府在承担环境保护功能时也存在着"政府失灵"现象：一是政府的资源有限。20世纪80年代以来，中国政府进行了几次大规模的机构改革，一再精简机构、缩减人员，使各类行政机构的人员紧张。二是政府解决问题的手段有限。政府必须在法律法规规定的范围内行事，未被授予的权力不能行使，即使其是有效的，政府还会受到各种社会势力的牵制，而且政府作为一个庞大的科层机构，往往对新的社会需求和发展机会反应迟钝，应变能力差。①

（二）流域管理中的社会协调管理模式

由于信息不对称，政府可能会因做得太多或太少而遭到失败。"如果政府处事正确，就会促进增长。如果它们做的太多或太少，或者处事错误，就会妨碍增长。"②政府应把握好"处事正确"的度。"中央政府机关的指令不能适应千差万别的地理环境。如对干旱地区和潮湿地区而言，同样的治理水资源污染的指令就不能同等适用"。③ 2021年4月30日，习近平总书记在主持第十九届中共中央政治局第二十九次集体学习时的讲话中指出，要提高生态环境治理体系和治理能力现代化水平，健全党委领导、政府主导、企业主体、社会组织和公众共同参与的环境治理体系，构建一体谋划、一体部署、一体推进、一体考核的制度机制；要增强全民节约意识、环保意识、生态意识，倡导简约适度、绿色低碳的生活方式，把建设美丽中国转化为全体人民自觉行动。④ 流域内社群参与流域管理可以为政府提供可靠的信息来源，使政府的管理措施更易于为流域内各主体所接受，从而可以降低交易成本和管理成本；有利于加强对政府决策的监督，使政府对流域管理的决策更趋于合理。法律应鼓励组建各种形式的

---

① 李挚萍.环境法的新发展：管制与民主之互动[M].北京：人民法院出版社，2006：234.
② 刘易斯.经济增长理论[M].梁小民，译.上海三联书店，1990.
③ 戴维·H.罗森布鲁姆，罗伯特·S.克拉夫丘克，理查德·M.克勒肯.公共行政学——管理、政治和法律的途径[M].北京：中国人民大学出版社，2013：111.
④ 新华网.习近平在中共中央政治局第二十九次集体学习时强调 保持生态文明建设战略定力 努力建设人与自然和谐共生的现代化[EB/OL].（2021-05-01）[2021-05-16]. http://www.qstheory.cn/yaowen/2021-05/01/c_1127401190.htm.

流域社群自治组织来行使部分流域管理职能,使更多的社群组织参与到流域管理中来,有利于促进流域的可持续发展。

1. 规范社会公众参与模式

为加强公众参与的广度和深度,我国流域生态系统管理可推行分级和批发零售机制,形成"流域管理机构—批发商—零售商—消费者"的多中心模式。在水权配置手段上,流域管理机构层面以民主协商和行政手段为主,实行强有力的流域统一管理模式;批发商和零售商则以经济手段为主,以边际成本定价或水市场、用户分配等方法,进行一个含有激励和约束机制的制度安排,从而规范经济主体的用水行为,提高水资源的配置利用效率。流域管理机构的职能主要是流域生态系统的监管、流域基础设施建设、水权建立、分配、交易制度安排、确立监督和执行规则、解决流域争端等。批发零售商适用于面积比较合适的子流域或地区,可由流域管理机构下属的水公司或流域内地方政府组成,其是水权交易的主体。流域可划分大小不同的水区,零售商在不同水区活动,把水送到用户,相似的用户群体自主管理他们的水区,这是多中心模式的一个主要组成部分。这样,流域管理中的分配和信息任务就得到简化,经济效率也大大提高。

2. 发挥非政府组织的流域管理作用

B. 盖伊·彼德斯等提出了非政府组织参与政府治理模式,他们认为,"把原先由政府承担的公共管理职能中的一大部分,转移给自治或半自治的非政府组织来承担,这是公民参与公共管理的最直接的形式"。[1] 近年来,随着社会经济的发展,我国非政府组织发展迅速。对现代社会的管理,既是政府对有关社会关系和社会事务进行规范和制约的过程,也是各种社会力量(如自治组织、社会组织和公民)依据一定的规章制度和道德约束,规范和制约自身行为的过程。[2] 首先,非政府组织可以在政府和公众之间发挥桥梁和纽带作用,从而优化公众参与流域生态系统管理的渠道。其次,非政府组织通过实施政府间接管理职能,从而有效推进流域生

---

[1] B. 盖伊·彼得斯,弗兰斯·K. M. 冯尼斯潘. 公共政策工具:对公共管理工具的评价[M]. 顾建光,译. 北京:中国人民大学出版社,2007:51.

[2] 田千山. 政府创新社会管理的政策工具选择[J]. 经济与社会发展,2011,9(10):60-64.

态系统整体管理。

四、流域生态系统管理的司法保障机制

近年来,我国确立了长江经济带发展和黄河流域生态保护和高质量发展重大国家战略。流域重大国家战略所确立的生态保护目标不仅对流域传统的环境行政监管提出了新的要求,同时也将深刻影响流域环境司法制度的变革。

2020年6月,最高人民法院发布《关于为黄河流域生态保护和高质量发展提供司法服务与保障的意见》(法发〔2020〕19号),明确提出了人民法院为黄河流域生态保护和高质量发展提供司法服务与保障的"三大理念"(绿水青山就是金山银山理念,因地制宜、分类施策理念,预防优先、注重修复理念)、"三个统筹"(统筹推进黄河流域生态环境高水平保护和经济高质量发展,统筹谋划黄河上下游、干支流、左右岸,统筹适用刑事、行政、民事法律责任)与"四类功能"(刑事审判的震慑和教育功能,行政审判预防和监督功能,民事审判救济和赔偿功能,公益诉讼裁判的评价和指引功能)。但是,当前的流域环境司法保障理论和规范沿循的是传统的司法规制理论,由此导致环境规制的法益不清、规制范围涵盖不明、规制目标实现不力等问题,流域生态环境保护的制度目标难以实现。

(一)流域环境司法保障的制度障碍

传统的司法规制理论遵循人类中心主义的价值取向。虽然随着生态文明建设的不断深化以及环境资源保护法治的不断完善,目前我国环境司法规制理论逐渐以生态法益为目标,当前部分环境司法实践也已经关注生态法益的价值,但是流域是一个复杂的复合生态系统,上中下游具有不同的自然地理特征及社会经济发展特点,在生态保护和高质量发展过程中扮演着不同的角色。目前的司法保障理论单纯从人类中心主义或者生态中心主义或者折衷主义出发难以契合流域生态保护和高质量发展战略的整体要求,我们必须根据流域不同区域的不同自然地理特征进行针对性的理念调整和司法规制。

同时,从流域的"自然—社会—经济"复合生态系统属性来看,流域生态系统具有整体性特征,根据区域环境要素的不同,流域上中下游分别承

载着不同的生态服务功能,目前我国在环境司法领域内尚未针对生态功能区开展具有针对性的研究,流域司法保障的涵盖范围有限,不仅表现为对微观层面的环境要素关注不足,还表现为对不同生态功能区与行政区划之间关系的关注不足。

(二)流域生态系统司法保障制度的完善

1. 确立流域生态系统整体利益的法益保护理念

随着我国生态文明建设的不断推进,人类发展活动必须尊重自然、顺应自然、保护自然的理念日渐深入人心。习近平总书记指出,要为自然守住安全边界和底线,形成人与自然和谐共生的格局。[①]

事实证明,流域环境资源的有限承载力要求人们必须从流域生态系统的整体性思考,恰当处理社会经济发展与流域环境资源持续利用的矛盾,建立一种流域自然、社会、经济和谐发展的模式。这不仅要求人类经济和社会的发展不能超过流域环境和资源的实际承载能力,而且也要求人类必须正确处理眼前利益和长远利益的关系,不以牺牲子孙后代的环境和资源利益来满足当代人的发展需要。因此,流域生态系统司法保障制度安排应当平衡协调流域内的各种利益关系,以维护流域整体生态系统的平衡与稳定、保障流域整体利益的实现为目标。传统司法规制的价值取向偏重于从个体、区域出发规范利益关系,缺乏从整体、全局的视野来把握流域人类社会系统与自然系统的利益整合,因此难以有效保障流域生态系统的健康发展。

习近平总书记多次强调,流域生态保护和高质量发展要立足于全流域和生态系统的整体性,下大气力进行大保护、大治理。[②] 因此,流域生态系统司法保障制度所保护的生态法益应当是流域整体性生态法益,该流域整体利益是流域社会经济利益与自然利益的和谐统一,相关理念和制度构建应当从流域生态系统整体利益出发,充分考虑流域内自然、社会、经济各要素间相互依存、相互制约的属性,不能简单地仅仅就流域内某一要素进行规制,要统筹兼顾人类社会的整体利益与自然生态的整体利益,

---

[①] 习近平.国家中长期经济社会发展战略若干重大问题[J].求是,2020(21):4-10.

[②] 习近平总书记在黄河流域生态保护和高质量发展座谈会上的讲话[J].求是,2019(20):5-9.

使两者达到统一和谐、共同发展。

2. 确立全要素的流域生态系统司法保障制度功能范围

鉴于流域生态系统司法保障制度追求流域整体利益的法益理念,其功能范围不仅要涵盖法律的震慑、惩罚、教育,还应根据流域生态环境保护的特点,预防生态环境风险、修复生态环境损害。流域生态法益的本质属性是公共性,生态环境损害的风险在于一旦发生损害,其带来的不利影响范围极其广泛,甚至是不可逆的,因此流域生态系统司法保障制度有必要加强司法的生态损害预防功能。

目前《最高人民法院、最高人民检察院发布的关于办理环境污染刑事案件适用法律若干问题的解释》在地域上仅明确饮用水水源一级保护区和自然保护区的保护,对于湿地、国家公园等重点区域则未提及;同时,流域的滩涂、湿地等对于流域行洪安全、流域生态稳定具有极大生态价值的环境要素并未被纳入环境刑事规制的范畴之内。流域环境刑事规制要实现流域整体性生态系统保护目标,就有必要重新梳理流域独有且被严重破坏或具有较大被破坏风险的流域生态要素,并加强此类环境要素的刑事规制。另外,对已纳入环境刑事规制的流域环境要素在适用的过程中需要重新以生态法益为核心判断其刑事违法性。例如,黄河流域中下游非法采砂屡禁不止,过去对于非法采砂的刑法判断主要依靠非法获利多少或河砂经济价值的大小,缺少对其生态价值的判断,然而非法采砂可能造成局部生态系统变化,进而造成水体污染,影响行洪安全、局部生物多样性退化等严重的生态服务功能损失,[①]未来不论是针对污染环境还是自然资源损害的环境刑事规制,相关部门可以将虚拟治理成本法等生态环境领域的判断方法拓展应用到环境刑事规制中,增强环境刑事规制生态法益的考量。

3. 确立适应性流域司法理念

不论是长江经济带发展重大战略还是黄河流域生态保护和高质量发展重大战略,都始终强调"因地制宜、分类施策"和"上中下游、干支流、左

---

① 熊琦.环境法益视野下长江流域非法采砂行为刑法规制的重构[J].学习与实践,2019(07):67-74.

右岸统筹谋划",这些要求充分考虑了流域内环境资源要素在不同区域的差异性。尤其对于环境刑法规制来说,由于同一环境要素在流域的上中下游不同区域发挥的生态服务功能存在差异,流域环境司法制度适用统一的违法性判断标准可能导致对罪行法定主义的实质违背,流域生态系统的整体性特征无疑对环境要素生态法益价值差异性的识别提出了更高的要求。

习近平总书记深刻指出:生态是统一的自然系统,是相互依存、紧密联系的有机链条。人的命脉在田,田的命脉在水,水的命脉在山,山的命脉在土,土的命脉在林和草,这个生命共同体是人类生存发展的物质基础。① 流域是一个复合生态系统,山水林田湖草沙是一个生态共同体。

流域生态系统司法保障制度只有基于全流域生态系统的总体安全,扩展全要素一体化的规制范围,才能有效维护流域生态系统整体利益。因此,流域司法保障制度应当充分发挥司法的能动性职能,确立适应性司法流域理念。对于生态功能敏感区、脆弱区的司法保护,应充分适用预防性环境公益诉讼,防止生态损害发生,并运用严格刑事规制,威慑生态损害行为的发生;同时推行流域检察一体化模式,强化对流域生态风险预防与救济措施的检察监督。

---

① 汪晓东,刘毅,林小溪.让绿水青山造福人民泽被子孙——习近平总书记关于生态文明建设重要论述综述[N].人民日报,2021-06-03(01).

主要参考文献

［1］国家环境保护局.21世纪议程［M］.北京：中国环境科学出版社,1993.

［2］道格拉斯·C.诺斯.制度变迁与经济绩效［M］.刘守英,译.北京：生活·读书·新知三联书店,1994.

［3］张文显.当代西方法学思潮［M］.沈阳：辽宁人民出版社,1988.

［4］E.博登海默.法理学——法律哲学与法律方法［M］.邓正来,译.北京：中国政法大学出版社,1999.

［5］汪劲.环境法律的理念与价值追求——环境立法目的论［M］.北京：法律出版社,2000.

［6］弗里德里希·冯·哈耶克.经济科学与政治——哈耶克思想精粹［M］.冯克利,译.南京：江苏人民出版社,2000.

［7］奥利弗·E.威廉森.治理机制［M］.王健,方世建,等,译.北京：中国社会科学出版社,2001.

［8］戴斯·贾丁斯.环境伦理学——环境哲学导论［M］.3版.林官明,杨爱民,译.北京：北京大学出版社,2002.

［9］葛洪义.法学理论专题研究［M］.北京：中国政法大学出版社,2002.

［10］陈绍金.流域管理方略研究［M］.长沙：湖南人民出版社,2003.

［11］吕忠梅.超越与保守——可持续发展视野下的环境法创新［M］.北京：法律出版社,2003.

［12］吴继霞.当代环境管理的理念建构［M］.北京：中国人民大学出版社,2003.

［13］杨桂山,于秀波,李恒鹏,等.流域综合管理导论［M］.北京：科学出版社,2004.

［14］徐辉,等.流域水污染防治立法研究——以黄河流域甘肃段为例［M］.兰州：兰州大学出版社,2004.

［15］沈大军.水管理学概论［M］.北京：科学出版社,2004.

［16］吕忠梅,等.长江流域水资源保护立法研究［M］.武汉：武汉大学出版社,2006.

［17］李挚萍.环境法的新发展——管制与民主之互动［M］.北京：人民法院出版

社,2006.

[18] 陈晓景,董黎光.中国流域管理法律问题基础研究[M].郑州:河南人民出版社,2006.

[19] 曹明德.生态法新探[M].北京:人民出版社,2007.

[20] 姚傑宝,董增川,田凯.流域水权制度研究[M].郑州:黄河水利出版社,2008.

[21] 鄢斌.社会变迁中的环境法[M].武汉:华中科技大学出版社,2008.

[22] 丹尼尔·F.史普博.管制与市场[M].余晖,何帆,钱家骏,等,译.上海:汉语大词典出版社,2008.

[23] 俞田荣.环境伦理学[M].长春:吉林人民出版社,2008.

[24] 沈满洪.水资源经济学[M].北京:中国环境科学出版社,2008.

[25] 边沁.道德与立法原理导论[M].时殷弘,译.北京:商务印书馆,2009.

[26] 陈泉生,等.循环经济法研究[M].北京:中国环境科学出版社,2009.

[27] 美国环境保护局.美国流域水环境保护规划手册[M].北京:中国环境科学出版社,2010.

[28] 伯科威茨.科学的馈赠——现代法律是如何演变为实在法的?[M].田夫,徐丽丽,译.北京:法律出版社,2011.

[29] 耶利内克.主观公法权利体系[M].曾韬,赵天书,译.北京:中国政法大学出版社,2012.

[30] 理查德·拉撒路斯,奥利弗·哈克.环境法故事[M].北京:中国人民大学出版社,2013.

[31] 流域组织国际网,等.跨界河流湖泊与含水层流域水资源综合管理手册[M].水利部国际经济技术合作交流中心,译.北京:中国水利水电出版社,2013.

[32] 交告尚史,臼杵知史,前田阳一,等.日本环境法概论[M].田林,丁倩雯,译.北京:中国法制出版社,2014.

[33] 欧文·麦克因泰里.国际法视野下国际水道的环境保护[M].秦天宝,译.北京:知识产权出版社,2014.

[34] 利奥波德.沙乡年鉴[M].舒新,译.北京:北京理工大学出版社,2015.

[35] 埃莉诺·奥斯特罗姆.公共资源的未来——超越市场失灵和政府管制[M].郭冠清,译.北京:中国人民大学出版社,2015.

[36] 卡琳·肯珀.基于分权的流域综合管理[M].北京:中国水利水电出版社,2017.

[37] 娜奥米·克莱恩.改变一切——气候危机资本主义与我们的终极命运[M].李海默,韦涵,管昕玥,等,译.上海:上海三联书店,2018.

[38] 丹尼尔·埃斯蒂.超国家空间中的善治——全球行政法[M].林泰,译.北京:法律出版社,2018.

[39] 艾哈迈德·赛义德·纳贾尔.尼罗河流域国家水资源关系展望[M].杨玉鑫,译.北京:中国社会科学出版社,2019.

[40] 戴维·布雷迪,迈克尔·斯彭斯.领袖与经济增长[M].北京:中国人民大学出版社,2020.

[41] 杨振.流域生态文明建设的理论基础与实施方案研究——洱海流域的实践创新[M].北京:科学出版社,2020.

[42] 舒国滢.法学的知识谱系[M].北京:商务印书馆,2020.

[43] 吕忠梅.长江流域立法研究[M].北京:法律出版社,2021.

[44] 林喆.权力资源与分配——平等分配问题的法哲学思考[J].法学研究,1996(02):48-56.

[45] 邓红兵,王庆礼,蔡庆华.流域生态学——新学科新思想新途径[J].应用生态学报,1998(04):108-114.

[46] 陈丽晖,曾尊固.国际河流整体开发和管理及两大理论依据[J].长江流域资源与环境,2001(04):309-315.

[47] 赵文智,程国栋.生态水文学——揭示生态格局和生态过程水文学机制的科学[J].冰川冻土,2001(04):450-457.

[48] 邓红兵,王庆礼,蔡庆华.流域生态系统管理研究[J].中国人口·资源与环境,2002(06):20-22.

[49] 李启家,姚似锦.流域管理体制的构建与运行[J].环境保护,2002(10):8-11.

[50] 倪鹏.对流域机构水行政执法的几点认识[J].治淮,2002(12):7-8.

[51] 刘玉龙,甘泓,王慧峰.水资源流域管理与区域管理模式浅析[J].中国水利水电科学研究院学报,2003(01):54-57+64.

[52] 刘建辉.论环境法的价值[J].河北法学,2003(02):67-72.

[53] 徐祥民.极限与分配——再论环境法的本位[J].中国人口·资源与环境,2003(04):26-29.

[54] 徐荟华.流域管理中的公众参与问题[J].前沿,2004(03):60-62.

[55] 何大伟,陈静生.一体化与多中心:黄河流域水管理模式初探[J].中国人口·资源与环境,2004(04):18-22.

[56] 徐军.我国流域管理立法现状及反思[J].河海大学学报(哲学社会科学版),2004(04):20-23+31.

[57] 王曦,胡苑.流域立法三问[J].中国人口·资源与环境,2004(04):139-141.

[58] 曹学章,沈渭寿,唐晓燕.建立我国生态环境标准体系的初步构想[J].农村生态环境,2005(04):77-80.

[59] 陈求稳,欧阳志云.流域生态学及模型系统[J].生态学报,2005(05):1184-1190+1239-1240.

[60] 孙雪涛.加拿大联邦水资源管理体制改革及对我国的启示[J].中国水利,2005(08):56-58.

[61] 姜明安.软法的兴起与软法之治[J].中国法学,2006(02):25-36.

[62] 蔡守秋.综合生态系统管理法的发展概况[J].政法论丛,2006(03):5-18.

[63] 王盛军.我国自然资源行政许可之缺陷及其原因分析——一种法经济学视角[J].贵州财经学院学报,2006(04):94-98.

[64] 张庭伟.规划理论作为一种制度创新——论规划理论的多向性和理论发展轨迹的非线性[J].城市规划,2006(08):9-18.

[65] 魏武.寻求不一致的一致——试论软法与协商民主机制的结构性耦合[J].法制与社会发展,2007(04):66-77.

[66] 刘永,郭怀成,黄凯,等.湖泊—流域生态系统管理的内容与方法[J].生态学报,2007(12):5352-5360.

[67] 孟丽红.国际河流开发的法律法规述评[J].新疆农业科学,2008(S3):142-144.

[68] 王志坚,邢鸿飞.国际河流法刍议[J].河海大学学报(哲学社会科学版),2008(03):92-100+116.

[69] 阮李全,任杰.节约型社会视野下自然资源行政许可制度研究[J].资源科学,2008(04):499-507.

[70] 肖国兴.论能源法律制度结构的形成与形态[J].郑州大学学报(哲学社会科学版),2008(06):36-40.

[71] 王顺庆.生态保险及其目的、作用和意义[J].生态经济(学术版),2009(01):150-154.

[72] 刘洪岩.俄罗斯现行生态政策问题研究[J].黑龙江省政法管理干部学院学报,2009(05):127-130.

[73] 王立群,王秋菊.我国生态购买的研究进展与展望[J].北京林业大学学报(社会科学版),2009(04):129-133.

[74] 魏钰邦,刘玥辉.生态环境用水在水权制度建设中的地位与作用[J].理论界,2009(10):68-69.

[75] 刘卫先.我国现行环境监测体制述评[J].中国环境监测,2009(03):5-10.

[76] 李百炼,伍业钢,古滨河.建议将流域生态系统修复纳入国家基础建设发展战略[J].科技导报,2009(17):18.

[77] 汪群,陆园园.中国国际河流管理问题分析及建议[J].水利水电科技进展,2009(02):71-75.

[78] R.施塔德勒,陈桂蓉,张兰.多瑙河流域跨界管理[J].水利水电快报,2009(09):12-13+27+14-16+21.

[79] 张学刚.环境管制政策工具的演变与发展——基于对外部性问题认识的视角[J].中国环境管理丛书,2010(01):12-15.

[80] 金帅,盛昭瀚,刘小峰.流域系统复杂性与适应性管理[J].中国人口·资源与环境,2010(07):60-67.

[81] 周卫.论我国环境监测制度的功能嬗变与立法完善[J].理论月刊,2010(09):110-113.

[82] 梅宏.生态损害:风险社会背景下环境法治的问题与思路[J].法学论坛,2010(06):118-123.

[83] 鲁传一,周胜,陈星.水能资源开发生态补偿的测算方法与标准探讨[J].生态经济,2011(03):27-33.

[84] 舒旻.环境监测制度构建的重点与难点[J].环境保护,2011(08):41-43.

[85] 刘俐.环境监测管理体制改革的思考[J].北方环境,2011(09):35.

[86] 田千山.政府创新社会管理的政策工具选择[J].经济与社会发展,2011(10):60-64.

[87] 许振成,张修玉,胡习邦,等.全国环境功能区划的基本思路初探[J].改革与战略,2011(09):48-50+65.

[88] 唐常春.流域主体功能区划方法与指标体系构建——以长江流域为例[J].地理研究,2011(12):2173-2185.

[89] 何宝根.巴西水资源考察实践及对我们的启示[J].人民珠江,2011(S1):79-81.

[90] 王如松,欧阳志云.社会—经济—自然复合生态系统与可持续发展[J].中国科学院院刊,2012(03):337-345+403-404+254.

[91] 王秉杰.流域管理的形成特征及发展趋势[J].环境科学研究,2013(04):452-456.

[92] 左其亭,胡德胜,窦明,等.基于人水和谐理念的最严格水资源管理制度研究框架及核心体系[J].资源科学,2014(05):906-912.

[93] 刘明慧,赵敏婕.资源税改革应厘清三个问题[J].税务研究,2015(05):32-38.

[94] 杜群.规范语境下综合生态管理的概念和基本原则[J].哈尔滨工业大学学报(社会科学版),2015(04):19-28.

[95] 吴惟予,肖萍.新《环境保护法》"环境教育"条款有效实施的思考——以环境教育立法为出路[J].生态经济,2015(11):171-175.

[96] 沈磊.关于我国环境监测制度问题与对策的思考[J].环境与可持续发展,2015(01):96-98.

[97] 杨海乐,陈家宽.流域生态学的发展困境——来自河流景观的启示[J].生态学报,2016(10):3084-3095.

[98] 李爱年,刘翱.环境执法生态化:生态文明建设的执法机制创新[J].湖南师范大学社会科学学报,2016(03):80-88.

[99] 谢晨,张坤,王佳男.奥斯特罗姆的公共池塘治理理论及其对我国林业改革的启示[J].林业经济,2017(05):3-10+18.

[100] 古小东.基于生态系统的流域立法:我国水资源环境保护困境之制度纾解[J].青海社会科学,2018(05):56-63.

[101] 黄安心.长江流域生态治理多元主体参与实践模式对广州"城中村"生态修复的借鉴价值[J].湖北社会科学,2018(05):59-64.

[102] 刘超.《长江法》制定中涉水事权央地划分的法理与制度[J].政法论丛,2018(06):81-93.

[103] 王祥仁.论环境行政许可的权力运行[J].经济研究导刊,2018(06):197-199.

[104] 吕忠梅.寻找长江流域立法的新法理——以方法论为视角[J].政法论丛,2018(06):67-80.

[105] 王秀哲.我国环境保护公众参与立法保护研究[J].北方法学,2018(02):103-111.

[106] 章光新,武瑶,吴燕锋,等.湿地生态水文学研究综述[J].水科学进展,2018(05):737-749.

[107] 彭文启,刘晓波,王雨春,等.流域水环境与生态学研究回顾与展望[J].水利学报,2018(09):1055-1067.

[108] 熊琦.环境法益视野下长江流域非法采砂行为刑法规制的重构[J].学习与实践,2019(07):67-74.

[109] 李宏伟.深刻把握习近平生态文明思想的基本要义[J].党建,2019(07):23-24.

[110] 杜健勋.国家任务变迁与环境宪法续造[J].清华法学,2019(04):181-196.

[111] 魏胜强.生态文明视域下的污染防治法研究[J].扬州大学学报(人文社会科学版),2019(01):16-31.

[112] 邱秋.域外流域立法的发展变迁及其对长江保护立法的启示[J].中国人口·资源与环境,2019(10):11-17.

[113] 张军扩,侯永志,刘培林,等.高质量发展的目标要求和战略路径[J].管理世界,2019(07):1-7.

[114] 赵剑波,史丹,邓洲.高质量发展的内涵研究[J].经济与管理研究,2019(11):15-31.

[115] 陈耀,张可云,陈晓东,等.黄河流域生态保护和高质量发展[J].区域经济评论,2020(01):8-22.

[116] 吕忠梅.关于制定《长江保护法》的法理思考[J].东方法学,2020(02):79-90.

[117] 邵莉莉.跨界流域生态系统利益补偿法律机制的构建——以区域协同治理为视角[J].政治与法律,2020(11):90-103.

[118] 李兵华,朱德米.环境保护公共参与的影响因素研究——基于环保举报热线相关数据的分析[J].上海大学学报(社会科学版),2020(01):118-128.

[119] 汪维才.再论污染环境罪的主客观要件[J].法学杂志,2020(09):76-84.

[120] 吴凯杰.环境法体系中的自然保护地立法[J].法学研究,2020(03):123-142.

[121] 江恩慧,王远见,田世民,等.流域系统科学初探[J].水利学报,2020(09):1026-1037.

[122] 周小亮.包容性绿色发展:理论阐释与制度支撑体系[J].学术月刊,2020(11):41-54.

[123] 孟庆瑜,张思茵.流域法治的空间审思与完善进路[J].北方法学,2021(02):89-101.

[124] 周金城,胡辉敏,黎振强.密西西比河流域水质协同治理及对长江流域治理的启示[J].武陵学刊,2021(01):52-58.

[125] 常纪文.制定黄河保护专门法律的必要性及建议[J].环境保护,2021(05):44-46.

[126] 董战峰,龙凤,田雪,等.水环境资源价格机制改革助推长江流域高质量发展[J].环境保护,2021(Z1):58-60.

[127] Michelle Lim. Environmental Law and the Ecosystem Approach: Maintaining Ecological Integrity through Consistency in Law [J]. Transnational Environmental Law, 2017(01):180-183.

[128] Lejun Ma, Xingnan Zhang, Huan Wang, et al. Characteristics and Practices of Ecological Flow in Rivers with Flow Reductions Due to Water Storage and Hydropower Projects in China [J]. Water, 2018(08): 1091-1091.

后　　记

　　流域生态系统管理法律制度构建是立足新发展格局,依法保障长江经济带发展、黄河流域生态保护和高质量发展重大国家发展战略实施的学理尝试。本书意图从生态系统管理理论视角创新发展我国流域生态系统管理法律制度理论与制度体系,并在论证设计时尽量考虑我国现行政管理体制与法律框架,努力使制度构建具有可操作性。然而,鉴于我国固有的区域划分模式、广阔的流域面积以及复杂的生态环境,流域生态系统管理法律制度有待在实践中完善。

　　幸运的是,国家已经拨付专项资金用于黄河流域的法律制度体系构建的专项研究。本人为国家社会科学基金重大项目——"黄河流域生态保护和高质量发展法律制度体系研究"的首席专家,该重大项目的后续研究成果将对本书的相关理论和制度构建进一步论证和检验,并予以丰富和完善。

　　希望本项研究的成果能够为国家江河流域治理的法律制度建设提供相关理论依据和实践参考。

陈晓景

2021 年 9 月于郑州